술 권하는 여자

김영철 자전 에세이

술 권하는 여자

2025년 9월 1일 초판 발행
글_　김영철
　　　　　kyc2594@hanmail.net
펴낸곳_도서출판 청옥
　　　　25752 강원도 동해시 평원로 40
　　　　전화 033-522-5800
　　　　팩스 033-535-1116
　　　　mhprint@hanmail.net

ⓒ도서출판 청옥. 2025
ISBN: 978-89-92445-96-2 (03810)

· 저자와의 협의로 인지는 생략합니다.
· 잘못된 책은 구입하신 서점에서 바꾸어 드립니다.
· 이 책의 출판도서목록과 도서정보는 뒤표지 QR코드, 국립
　중앙도서관 서지정보유통지원시스템 홈페이지
　(http://seoji.nl.go.kr.)에서 이용하실 수 있습니다.

값 13,000원

술 권하는 여자

김영철 자전 에세이

도서출판 청옥

작가의 말

명치 끝의 바윗돌 같은 삼키며 살았던 이야기들,
함께 느끼고 함께 나누면 좋을 것 같은 생각들,
누군가에는 한잔 술이 되고,
작으나마 따스한 위로가 되기를 바라며
가만히, 조심스레 내려놓습니다.

2025. 9.

김 영 철

차 례

작가의 말	5
글 값	10
새끼 연어	12
화장실에 두세요!	13
눈으로만 만지세요!	14
국보급 얌체족	16
빗소리는 가단조	17
줄광대	20
가끔	21
묻다	22
마지막 블루스	26
방향지시등	27
점멸등	29
흔들의자	30
삶	33
나의『詩 하늘』	34
시하늘 시낭송 이백 회 9행시	36
장구벌레	37
모기	41
유통기한과 사용기한	42
유통기한	47
時 테크	48
대척점	52

술 권하는 여인 ······· 53
물소리 수첩 ······· 57
낮술 ······· 58
바다 극장 ······· 59
수평선 여인 ······· 63
내 이름 샤니, 그대 이름은 디 에스! ······· 64
그대 이름은 디 에스 ······· 68
마당 ······· 69
꿈 한 칸, 생각 두 줄 ······· 73
파도를 넘다 ······· 74
별 없는 별밤에도 별을 닦는 그대여 ······· 77
아이야, 네가 어른이 되기 전까지는 ······· 78
하늘을 향해 쏘아라 ······· 80
휴전선 수비대 ······· 81
마음 한 장, 생각 한 겹 ······· 82
상왕(上王) 십 리 전철(前轍) 끊기 ······· 84
산비둘기도 직박구리도 빵을 좋아한다 ······· 85
겨울 참새 ······· 87
문 ······· 88
넘치는 강 ······· 90
감또개 ······· 91
감또개 ······· 93
술을 찾는 그대에게 ······· 94

축축한 불금(不禁)	96
곰칫국과 사이시옷	97
낄 때와 빠질 때	98
굿 앤 바이(Good & Bye)	99
승화원에서	104
일상언어	105
숲으로 가는 길은	108
유기(遺棄)	109
벙어리 루루	112
기수지역	113
기수지역	116
어떤 기쁨	117
아름다운 손	118
폐공기증	119
자화상	122
폐공기증	123
핫팩	124
나 그대에게 그랬으면 참 좋겠네!	126
포켓몬 빵 이야기	127

술 권하는 여자

글 값

　원고청탁서는 네 가지의 유형이 있다. 첫째는 원고료를 입금할 계좌 번호를 함께 달라는 것이고 둘째는 원고료와 정기구독 중 택일하라는 것이며 셋째는 원고료 대신 책을 부치겠다는 것이고 넷째는 글을 실을 테니 글 값을 내라는 것이다. 창작지원금을 다섯 번이나 받은 나는 그래도 나은 편이다. 문학도 실물경제처럼 1%만을 위한 세상이다 보니 소위 잘나가는 몇몇 글쟁이들을 제외하면 글 값은 고사하고 작품 발표할 지면도 녹록지 않은 게 현실이다. 밤을 이고 살면서 제 속 다 까발리고 그 대가로 받은 알량한 글 값으로 쓰라린 속을 달래주는 술이나 한 병 살 수 있겠는가?

　계간지 『詩하늘』이 도착하는 날은 운영자의 한 사람으로서 한편으론 기쁘고 또 한편으로는 마음이 무겁다. 요즘 사람들은 책을 읽지 않는다. 더구나 돈을 주고 책을 사는 일에는 수전노 같다. 시를 좋아할 만한 사람들에게 읽어보라며 몇 번이고 그냥 줄 땐 그리 좋아하다가, 1년에 4권 받아 보고 단돈 만 원 후원비를 내면 좋겠다고 말하면 이내 표정이 달라진다. 그래도 좋은 시를 보급하고 아름다운 세상 만들기에 작으나마 힘이 된다고 생각하면 얼굴이 덜 뜨거워진다. 예년보다 부수가 줄었다지만 이번에도 2,000부를 찍었다. 편집에서 교정까지, 인쇄가 끝나면 봉투에 담고 붙이고, 부치고…. 멀리 있다는 이유로 도움이 되지도 못하는데 아무리 봉사라고 하지만 무보수로 수고하는 여러분께 송구스러운 것이다. 그나마 후원회비라도 잘 들어오면 힘들이 날 텐데….

　자비 출판이든 인세 출판이든, 후원비로 발행하는 무가지이든 유가지든, 누구나 공짜로 책 받을 생각하지 말고, 정당한 대가를 지급하고 서로 팔아주어야 한다. 그래야만 경제 원리로 시장이 형성되고, 자존심을 세울 수 있다. 시인은 좋은 작품으로 대접받고, 시인도 독자도 소비자의 관점에서 글 값을 지급하고, 그리하여 출판사도 서점도 신바람으로 덩실덩실 춤을 추는 꿈을 꾸어 본다. 그냥 꿈으로 끝날 테지만.

새끼 연어

알음알음 계절마다 설렁설렁 낳기만 해
품삯은 고사하고 글 값을 내라 하며
제 새끼 이름 한 번도 불러주지 않는 모천

며칠 먼저 바다로 간 큰물 출신 이웃들이
같은 제목 레시피로 화장실까지 도배를 한
회원제 클럽 입구엔 명함으로 희붉더니

첫 시집 애써 부치고 여러 밤을 앓는데
그 흔한 카톡 문자 메일 하나 없는 상류
먼 여행 떠나는 배낭에 벌써 바다가 무겁다

화장실에 두세요!

앞만 보지 말라고 시집 한 권을 건넨다
몇 줄이나 훑어볼까, 받는 표정이 묘하다
돈 주고 사서 읽어야 귀한 대접 받을 텐데

창가에 바투 앉아 책장을 넘기는 여유
녹록지 않은 삶에 배부른 일탈일까
손안에 세상 다 있는데 심심한 사치일까

길 없는 하늘 아래 말라버린 사유의 마당
서로에게 위로가 되어 데워지면 좋겠는데
참 웃픈 기도 같은 말 "화장실에 두세요!"

눈으로만 만지세요!

　없는 것 빼고 다 있다는 북평 오일장은 이백 년이 넘는 역사를 자랑하며 전국에서도 다섯 손가락 안에 드는 유명한 장이다. 그 장터 한복판에 농협 하나로 마트가 있고 출입문을 피한 옆자리에서 화초를 판다. 다육식물이나 와송 같은 것들이어서, 그리 눈여겨보지 않았는데 어느 날부터인가 먼지를 잡아먹는다는 수염 틸란드시아를 걸어 놓고 흰 도화지에 '만지지 말고 보세요'라고 써 붙여놓았다. 얼마나 많은 사람이 손으로 만져대고 오죽하면 저런 글을 붙였을까 생각하며 주위를 둘러보았다. 몇 미터 위엔 떡집이 있다. 지나는 사람마다 방금 내놓은 떡을 아무렇지도 않게 손가락으로 꾹꾹 눌러 본다. 마트에서 물건을 사는 사람들을 유심히 살펴보면 딸기며 복숭아, 두부 등 연하디연한 것들을 아무 생각 없이 함부로 누르고 만지고 한다. 아무리 소비자가 왕인 시대라지만, 남의 귀한 물건을 너무 아무렇지 않게 취급하는 것 같아 입안이 까끌까끌해진다. '만지지 말고 보세요' 대신에 '눈으로만 만지세요'하고 쓰면 어떻겠냐고 화초 파는 아주머니께 제안을 했다. 시적인 말이 좋다 하더니 다음 장날에 바로 문구를 바꾸어 달고는 나더러 확인해 보라는 듯 손짓을 한다.
　'만지지 말고 보세요'보다 '눈으로만 보세요!' 보다 훨씬 살가운 느낌을 준다. 내 말뜻을 잘 이해해 준 아주머니가 차라리 고맙다고 생각을 했다.

　우리 주변에는 하지 말라는 글이 너무 많다. '촉수 엄금' '낙서 금지' '소변 금지' '입산 금지' '추월 금지' '출입 금지' '수영 금지' '흡연 금지' '잔디밭에 들어가지 마세요' 등 '금지'나 '마세요' 보다는 좀 더 예쁘고 센스 있는 문구로 바꿀 수는 없을까? 이를테면 '만지면 아파요!', '손 대면 다쳐요!', '볼 일은 화장실에서!',

　'잔디도 밟으면 아파합니다.'로 조금만 문구를 바꾼다면 위압감을 덜 주고 훨씬 설득력 있지 않을까?

　함부로 다루지 말아야 할 것이 어디 물건뿐이겠는가. 성인뿐만 아니라 아이들 엉덩이가 그렇고 천 평인지 만 근인지 모르는 마음 또한 그러하다. 칭찬이라고 엉덩이를 가볍게 툭툭 치는 일도 조심해야 한다. 아이들이 성추행이라며 신고하겠다는 세상이 되었다. 하물며 성인 여성은 두말해서 무엇 하랴. 잘나가던 연예인도 정치인도 손놀림 한 번 잘못해서 나락으로 떨어진 사람이 어디 한둘뿐인가.

　마음은 변형이 쉬운 액체이다. 세모난 곳에서는 세모가 되고 둥근 곳에서는 동그라미가 된다. 단 한마디 말에 쉬이 뜨거워지기도 하고 급작스럽게 얼기도 한다. 천의 얼굴을 가지고 있으면서도 잘 보이지 않는 무형의 기체이기도 하다. 눈으로도 만지지 말아야 하는 것들이 있다.

국보급 얌체족

'탑에 오르지 마세요'
팻말이 붙었는데

— 바람만큼 가벼워요!
— 한글을 못 읽어요!

시치미
뚝 떼고 앉은
얼룩 고양이 한 마리

빗소리는 가단조

　빗소리는 단조의 노래다.
　수의(囚衣)를 벗어 던지고 수의(壽衣)로 갈아입은 뒤에 새가 된 친구도, 탈피를 마치고 나비가 되어 꽃길로 간 지인도, 내게서 멀어져 갔던 모두가 돌아오는 시간이다. 서른아홉의 짧은 생을 마감하고 홀로 우주여행을 즐기는 막냇동생도 언제나 비 오는 날은 동해시 '하늘정원' 국화밭에서 달려온다. 318번 번호표를 한쪽 가슴에 달고서.
　날 부르는 것 같아 빠끔히 열어둔 창문 사이로 배경 화면이 바뀐다. 쉬지 않고 장조의 노래를 불러대던 참새들이 앉았다가 간 자리에 조명이 어두워진다. 주인공이 나와 손을 흔들면 이윽고 공연이 시작된다. 안단테에서 모데라토를 지나 알레그로 꼭짓점을 찍고 다시 안단테로 돌아오는 내내 지그시 눈을 감는다. 굳이 빗물이라고 변명하지 않아도 되는 학습효과의 뜨거운 결정체 때문이다.
　수증기와 물방울이 한 핏줄이듯 비와 사람은 한 몸이며 사람과 하늘도 하나이다. 낮은 곳을 전전하다 승천해서 구름이 되고, 모였다가 흩어졌다가 잠시 유유자적하다가 다시 바닥으로 추락해 고난의 먼 여정을 떠나야 하는 비와, 애면글면 하루 또 하루를 살아 내다, 때가 되면 하늘 고향으로 가는 사람은 본래의 모습인 원자 하나로 작은 우주가 된다. 생성과 소멸이 그러하듯 비와 사람은 서로 닮은꼴이다. 돌고 돌며 잠시 머물다 가는 손님이다. 영원에서 영원을 떠도는 여행자이다.

작달비처럼 점점 제법 많은 비가 내린다. 바람이 추임새를 넣는다. 비는 직선에서 사선으로 바뀌고 오일장 한복판에서 자리다툼을 하듯 요란스럽고 날카롭다. 그 음악 소리에 속 시끄러운 다른 세상 소식이 가려지면 좋으련만 빗소리 끝에는 언제나 흑백영화가 돌아간다.

녀석은 언제 어디로 튈지 모르는 럭비공이었고 마음 내키면 불쑥 나타나서 아무렇게나 돌다가, 아무 때나 훌쩍 떠나버리는 왜바람이었다.

회사 생활에 적응하지 못한 막내는 결국 막노동판을 전전했다.

'비 오는 날은 공치는 날', 막내가 안주를 만든다. 어묵에 양파를 듬뿍 썰어 넣고 고추장을 진하게 풀어서 지글지글 볶아내면 우중주(雨中酒) 안주로는 견줄만한 게 없다. 얼큰하게 취기가 돌면 돈 주고 우산을 사 본 일 없는 두 형제가 의기투합해서 빗속을 뚫고 노래방으로 달린다. 노래를 부르는 게 아니라 세상 모든 불만을 피로 토해내듯 고래고래 소리를 지르는 것이다. 그런다고 속이 풀리거나 세상이 달라지지 않는다는 것을 모를 리 없지만, 그렇게라도 해야 보편적이지 못한 삶과 궂은날을 견딜 수 있었을 테니까….

바닥에 떨어지는 빗방울이 일그러진 얼굴을 그린다. 문득 봉안당이 궁금하다. 춥지는 않은지, 바람 소리에 떨고 있지는 않은지, 기일이 가까워졌는가. 어깨를 축 늘어뜨린 감나무 아래로 여기저기 낙과들이 나뒹군다. 유품이라고는 잔액 없는 통장과 발신지 한 군데도 없는 고철 같은 휴대전화기 하나 덩그러니 남겨놓고 뭐가 그리 급했을까, 무엇이 그리 서운했을까. 견디다, 견디다 못해 손을 놓아버린 감또개나 이파리처럼 그렇게 이승과 저승의 아슬아슬한 경계를 넘나들더니 툭, 어둠의 숲으로 날아간 그 끝이 눅눅하다.

'홀로 좋은 곳으로 도망친 나쁜 놈!'

'그래도 아주 많이 미안하다. 곁에 있을 때 더 잘해주지 못해서…'

번뇌와 자학으로, 날마다 술로 살다가 새벽녘 쓸쓸한 거리에 붉은 꽃을 토해놓은 막내를 끝까지 붙들지 못한 못난 형으로서의 죄책감과 함께 감정이입이 요란하다.

"염색약 사 왔어요."

"부탁인데 꼭 한 번만 염색 좀 해 봐요."

"내 걱정은 말고 형이나 술 담배 좀 줄여요!"

낮고 촉촉한 비의 언어로 어깨 위에서 춤을 춘다. 막내의 마지막 목소리다. 노래방에서 찍어 저장해둔 동영상을 서둘러 꺼내 본다. 먼 별에서 살아 돌아와 마주 앉아 있는 것만 같다. 뜨거운 눈물을 속으로 삼키며 말없이 서로가 서로를 토닥인다. 어디선가 빗줄기의 끝을 잡고, 피아노 선율을 타고 '엘리제를 위하여'가 들려온다.

기다림이 길었던 메마른 대지와 목이 마른 꽃나무에는 촉촉한 생명수일 테지만 비 오는 날은 모든 소리가 바닥으로 가라앉는다. 슬프거나 감미롭거나 빗소리는 누구에게나 음악이다. 듣는 사람의 기분이나 상황에 따라서 단조나 장조로 나뉘어 질 뿐 소리의 굵기에 상관없이, 양이나 시간과 관계없이 비는 힘에 벅찬 우리의 일상에 행간이요 여백이다. 행간을 읽어 내거나 여백을 메꾸는 일은 각자의 몫이다. 어제와 오늘 그 중간에 앉아 돌아보고 반성하며 후회 없을 내일을 그려보거나 칠하고 또 덧칠해도 다 채워지지 않는 공간에 나무 한 그루를 심는다. 잎이 열리고 꽃이 피고 열매가 맺힌 하늘 어느 한 귀퉁이에 윤슬 같은 햇살이 출렁거린다. 빗줄기라는 현을 켜고 익숙한 체취와 눈웃음이 달려온다. 리듬으로 흐트러진 물 알갱이들이 뜨겁다.

나의 빗소리는 단조의 노래다.

줄광대

타협하지 못하고 홀로 가는 너만의 세상
싸우자고 덤비는 착시와 환청 속에
날마다 벼랑 위를 걷는 아슬아슬한 곡예사

억지 잠을 청하려 끌어안은 소주 한 병
허기와 오한으로 쓰라린 창자에서
단 하나 거부하지 않고 받아주는 길동무라고

밤마다 비틀거린들 무슨 빛이 있으랴
세상이 그대에게 손사래 친 게 아니라
그대가 세상을 밀치고 돌아앉은 것인데

그대여 마음 돌리고 사는 데까지 살아보자
행여 그 길 곱지 않고 앞이 보이지 않더라도
언젠가 봄이 또 오고 새살 돋지 않겠는가

가끔,

　물회로 한잔할 때
씹히는 이름이 있다

　양파볶음 집을 때
고추장만큼 눈이 매워

식탁에 앉는다는 것이
　죄스러울 때가 있다

　하늘정원 꽃밭에
　꽃가루가 쏟아지면

통곡 같은 바람 소리
　저미는 가슴팍으로

코끝을 킁킁거리며
안겨 오는 얼굴이 있다

묻다

'신이시여, 저 아이를 어디로 데려가시나이까?'

아침에 예감이 좋지 않았는데 병문안 갔다가 돌아와 보니 열다섯 살의 하얀색 몰티즈는 마지막 배설물을 쏟아놓고 몸은 이미 싸늘하게 식어 있었다. 어수선한 주변을 정리하면서 창조와 진화 사이가 케케묵어 먼지 나는 의문 하나를 던진다. 이 푸른 별에서 살다가 운명을 달리하는 모든 생명체는 도대체 어디로 가는 것일까? 먼저 간 사람들이 어디가 좋으니, 어디로 오라고 연락 하나 없는데 그냥 흙으로 돌아가는가?

극락? 천당? 답은 없고 어리석은 물음만 거미줄같이 갈래갈래 어지러운 길을 낸다.

반려동물이 동물병원이 아닌 장소에서 죽으면 생활폐기물로 분류되어 쓰레기봉투에 넣어 배출하거나 동물 장묘업 상 등록한 자가 설치·운영하는 화장시설에서 화장을 해야 한다. 동물의 사체를 함부로 버리거나 임의로 매립이나 화장을 하면 벌금, 구류, 과태료 부과 대상이다. 그럴 시간적 여유도 없었지만, 화장 시설은 멀고 종량제봉투에 담아 버리기에는 마음이 내키지 않았다. 시골이라 매일 수거해 가는 것도 아니어서 매실나무 아래 깊이 구덩이를 파고 묻어주기로 했다. 신문지를 깔고 덮고 흙으로 덮기 전에 나리꽃 한 송이를 놓아주었다. 검둥이 '나리'를 제 자식처럼 핥아주며 단 한 번도 다투는 일 없이 잘 지냈기 때문이다. 흙이 되어 지렁이든 꽃나무든 누군가의 발판이 되었다가 돌고 돌아서 오랜 시간이 지나 이 별에 다시 온다면 사람이 되거나 꽃으로 태어나라고 빌어주었다.

한 며칠 경련을 일으키며 움직이지 못하기를 여러 번, 그럴 때마다 얼른 마사지를 해 주면 언제 그랬냐는 듯이 일어나 본성대로 식탐을 과시했다. 동물학자들 사이에 가장 합리적이라고 평가를 받는다는 공식에(21 + 4n) 대입하여 사람 나이로 환산하면 81세의 할머니니까 마음의 준비를 하고 있던 터이지만 사람이나 동물이나 모든 죽음은 슬픈 일이다. 예견할 수는 있지만 피할 수 없는 죽음, 어떻게 해야 너와 나와 우리가 덜 아프고 아름답게 최후를 맞이할 수 있을까.

79세의 어머님이 요양원에 계시다 패혈증으로 병원 응급실에 실려 갔다. 담당 의사는 오늘을 넘길 수 없는 상황이 생길지도 모른다며 가족들에게 연락하라고 했다.

부랴부랴 형제들이 모이고 비상대기 상태로 마음을 졸였지만, 다행히 혈압과 맥박이 조금씩 좋아지며 단거리일지 마라톤 경주가 될지 내일을 가늠할 수 없는 길에 들어선 것이다. 목에 구멍을 뚫거나 의미 없는 연명치료는 하지 않겠다고 했다. 당신은 더하겠지만 그 모습을 어쩔 수 없이 바라봐야 하는 자식들도 모두가 고통스러울 뿐이기 때문이다.

나이가 든다는 것은 탱탱한 초록에서 빛바랜 늦가을 낙엽으로 색깔이 변한다는 말일 것이다. 다시 말하면 몸도 마음도 환경도 낮고 부정적인 방향으로 변화한다는 뜻이다. 느려지고, 여려지고, 약해지는 노화현상은 피할 수 없는 인간의 숙명이다.

어차피 피할 수 없으면 즐기라 했던가, 바야흐로 백 세 시대를 준비

술 권하는 여자 • 23

해야 하는 요즘,

'노화'라는 뗄 수 없는 운명을 즐겨야 한다. 정동진의 모래시계는 시간을 거꾸로 되돌릴 수 있지만 살아 숨 쉬는 모든 생물은 시간을 거스를 방법이 없다. 가을이 깊어질수록 외로움이 친구처럼 따라붙어 떠날 줄을 모르고 하나둘 먼 여행을 떠났다는 부고 문자가 몸서리를 치게 한다. 내게도 곧 황량한 겨울이 올 거라는 예고편일 것이다.

살아갈 날은 얼마나 더 남았을까? 태어난 순서대로 가는 것도 아니고 불의의 사고로 언제 어떻게 될지 모른다는 게 현실적인 정답이다. 남은 시간이 그리 길지 않다는 것만은 확실하다. 세상에 죽지 않는 것은 없다. 막연히 죽음을 두려워할 게 아니라 그 한 번뿐인 죽음을 위해 우리는 비우고 정리하며 준비를 해야 하지 않을까.

"죽을 때에 죽지 않도록 죽기 전에 죽어 두어라. 그렇지 않으면 정말 죽어버린다."

엥겔스 명언처럼 유서도 미리 작성해 놓고 사전연명의료의향서, 장례 의향서도 써 놓고 어떻게 잘 죽을 것인지와 무엇을 남길지에 대한 고민을 해야 한다. 팔다리와 눈빛에 조금이라도 힘이 남아 있을 때 미리 죽어 보는 것이다. 그러고 나면 한 사람 한 사람의 인연이 모두 소중하고 하루하루가 분에 넘치는 선물이라는 것을 알게 될 것이다.

어느 날 느닷없이 혼자서 걸어가야 할 그 길, 죽은 것도 아닌 것이 산 것도 아닌 것이 요양원이나 병실 천정에 초점 없는 휑한 눈을 맡기고 '제발 좀 죽여 다오!'라는 말마저 잊어버린다. 아무런 생각도 움직임도 없이 산송장으로 누워 욕창으로 짓무른 장면은 차라리 더 무섭다. 화르르 피었다가 툭, 지고 마는 꽃숭어리처럼 길게 아프지 않으면 좋겠다. 딱 하루만 연습처럼 앓다가 잠든 사이에 떠날 수 있으면 더없이 행복하겠다. 그것도 어렵다면 존엄사가 인정되고 무의미한 연명치료 없이 몇 걸음 먼저 가도 괜찮겠다. 별이 될지 한낱 먼지가 될지 모를 일이지만 죽음은 결코 두려운 것이 아니다. 예외 없이 누구나 꼭 한 번은 통과해야 하는 비밀스럽고 성스러운 문이다.

좁은 문과 넓은 문, 파란 문과 빨간 문, 걸어온 흔적과 모셔 온 유일신과 선악의 크기에 따라 선택당하는 것이 아니라 스스로 하나의 문을 선택하는 것이라고 믿고 싶다. 어느 문을 선택하든지 그 문을 지나면 너무 많은 생각과 질문으로 지친 영혼과 육신에 긴 휴식을 선물해야겠다. '신이시여, 정녕 어느 숲으로 가야만 합니까?'

마지막 블루스

먼 길 떠날 아이를 위해 낮은 품을 내민 어미
음 이탈한 자장가를 끝내 마치지 못하고
환생은 부디 말라 하는 작은 기도가 뜨겁다

* 숨이 붙은 모든 것은 너나없이 여행을 간다. 생전에 모자랐던 잠에 드는 꿈길이다. 밤엔 늘 아내 발밑에서 잠을 자던 까만 푸들 '김나리'가 침대에 오르내리는 걸 버거워하자, 아내가 바닥으로 내려왔다. 이틀 지나서 아무도 없는 틈에 고통스러워하던 호흡을 멈추었다. 두 번째 이별이다.

방향지시등

　바다 안개를 곁에 두고 살아서 그런가, 동해 시민들의 속은 좀처럼 알 수가 없다. 왼쪽으로 가는지 오른쪽으로 갈 건지 도무지 잘 알려주지 않는다.
　아파트에서 주도로로 나오려고 할 때 좌회전 깜빡이(방향지시등)를 켜고 기다린다. 주도로를 달리던 차들이 대부분 오른쪽 깜빡이를 켜지도 않고 들어온다. 오래 길든 옳지 못한 습관에 아무렇지도 않은 표정들이다. 당연히 직진할 줄 알고 기다렸던 시간이 아깝기도 하고 황당하기까지 하다. 주행 중에 방향지시등을 켜지 않은 채 느닷없이 왼쪽, 오른쪽으로 꺾는 차들 때문에 급브레이크를 밟으며 당황한 적이 많다. 교차로에서 정차 중에 유심히 살펴보면 방향지시등을 제대로 작동하는 차는 30%도 채 되지 않는다.
　새벽에 만나는 청소 차들은 모두가 왕이다. 길을 막고 비켜서지도 않으며 미안해하지도 않는다. 주행 중에도 비상 점멸등을 켜고 다녀 어디로 튈지 모르는 럭비공 같다. 이른 시각부터 수고 하는 것은 알겠지만, 지킬 건 지켜주었으면 하는 바람이다. 운전자는 좋든 싫든 어디로 가려고 하는지 방향을 밝힐 의무가 있다. 그래야만 보행자도 마주 보는 차도, 뒤따르는 차도 미리 알고 다음 행동을 쉽게 할 수 있기 때문이다.

피선거권을 가진 지방자치 단체장이나 국회의원이나 대통령은 정책 방향을 제시하고 동의를 구하며 표를 얻어 당선되는 것이다. 당선된 후에는 공약 실천을 위해 모든 노력을 아끼지 말아야 한다. 국민과 한 약속이므로 당연한 일이다. 그러나 해무에 가린 바다처럼 속이 보이지 않는 지도자는 위험하다. 소통이 방향 제시의 한 축일 텐데 대화를 거부하던 대통령은 기어이 큰일을 저지르고 나락으로 추락했다.

방향지시등은 바디랭귀지이다. 서로가 서로를 위해 만든 약속이다.

상대방을 배려한다는 마음으로 깜빡이를 켜는 일에 동참해 주길 바란다.

돈 들지 않는 좋은 습관은 아무리 많이 간직해도 손해 볼 일이 없을 것이다.

점멸등

왼쪽은
진흙탕 길

오른쪽은 낭떠러지

곧장 가도
돌아가도

책임질 수 없다는 듯

휑한 눈
끔벅거리는

인생이라는 교차로

흔들의자

 엉덩이를 깊숙이 밀어 넣고, 팔짱을 낀 채 등으로 무게중심을 옮긴다. 오래된 흔들의자는 힘에 부친다는 듯 앞뒤로 움직일 때마다 신음을 토해낸다. 마당 한쪽에 쪼그리고 앉아 담배를 피우면서 내뱉던 아버지의 기침 소리가 격하게 흔들린다. 거실에서 처마 밑으로 밀려난 의자처럼 아버지는 72년이라는 그다지 짧지도 길지도 않은 생을 접는 마지막 순간까지 가족 어느 사람에게도 환영받지 못했다.
 풀기와 되감기를 반복하며 좋았던 기억을 꺼내 보려 애쓰지만, 슬프게도 그런 기억은 떠오르지 않는다. 아버지는 석축이나 콘크리트 타설 같은 일을 주로 하는 토목공사 도급 업자였다. 일 년의 반은 일을 해서 번 돈으로 노름을 하고 나머지 시간은 다방에서 보냈다. 열하나를 생산해서 명 짧은 다섯을 보내고도 올망졸망한 자식이 여섯이나 되었지만, 가정을 돌보지 않았다. 하루가 멀다고 부부싸움을 하며 어린 여섯 남매를 공포에 떨게 했다.
 하루라는 여정을 마치고 두타산과 청옥산 사이에 앉아 잠시 숨을 고르는 힘 빠진 태양을 바라본다. 마당에는 얇은 바람이 지나는지 빨랫줄이 품에 안은 아이처럼 빨래집게를 어르고 있다. 대추나무는 이고 업은 가족이 힘에 부치는지 양어깨가 축 늘어져 있다. 태양도 빨랫줄도 대추나무도 주어진 삶에 최선을 다하는 너무나도 보편적인 부모의 모습을 닮았다.

　이웃집에 가서 연탄 몇 장, 밀가루 한 대접을 빌려오던 초등학교 6학년은 이미 창피함을 아는 나이였다. 시장까지 먼 길을 달려가 외상으로 봉지 쌀을 들고 오는 날은 늘 살얼음판을 걷듯 눈을 크게 뜨고 조심 또 조심해야 했다. 솔밭을 지나야 하는데, 나무뿌리에 걸려 넘어지기에 십상이기 때문이다. 무릎이나 손바닥을 다쳐 피가 나서 우는 게 아니었다. 모진 야단이 겁이 나서 우는 것은 더 아니었다. 윗옷을 벗어 흙과 함께 쓸어 담아 가더라도 언제 돌을 일어서 저녁밥을 먹게 될지 모르기 때문이었다. 두 사람이 피워대는 담배 연기 자욱한 단칸방에서 꼬르륵 소리를 내며 말똥말똥한 눈동자를 굴릴 다섯 동생 때문이었다.

　흔들림은 중심을 잡지 못할 때나 중심을 잡으려 애면글면할 때 일어나는 현상이다. 캠프 화이어도 통기타 소리도 모두 멎고 철 지난 북평해수욕장은 쓸쓸하기 그지없다. 황량한 모래바람이 일면 괭이갈매기 울음은 더 슬프게 들렸고 파도 소리는 무섭기까지 했다. 가출의 꿈은 중학교 입학을 앞두고 시작되었다. 이름만 중학생으로 바뀌었을 뿐, 새 것은 하나도 없었다. 헌 가방에 헌 교과서, 얻은 교복은 헐렁했으며 교모는 작아서 등교할 때마다 정문에서 붙잡혀 얼차려를 받았다. 또래들보다 빠른 사춘기에 분노 지수가 높아져 갔고 결국 흔들림을 이기지 못하고 서울로 가는 밤 기차에 몸을 실었다.

　성공이라는 궤도 열차는 이탈도 일탈도 용납하지 않는다. 퇴로는 애초부터 없었고 세모도 네모도 아닌 오직 둥근 바퀴에만 수레를 얹을 수 있게 설계되었다. 중간에라도 낄 수 있을까 싶어 밤을 이고 살다시피 했지만, 끝내 무지개는 만날 수가 없었다. 치열한 경쟁이 전쟁 같은 도시 생활에 회의를 느끼며 낙향을 결정하기까지 패잔병이 되었다는 상실감에 긴 시간을 앓아야만 했다.

　비가 내리는 날의 흔들의자는 맑은 날보다 좀 더 엄숙하다. 지나온 시간으로 파인 발자국이 훨씬 깊어 보이기 때문이다. 삶이 한결같이 어둡기도 힘든 일일 텐데 빗소리에 함께 녹아내리는 그림자는 검고도 길다. 작은 별들이 총총한 밤에는 별 하나를 따 보고 싶어 손을 내밀어 본다. 점찍어 둔 북두칠성의 4번 별은 자리를 바꾸지 않는다. 앞에서도 네 번째, 뒤에서도 네 번째인 채로 여전히 허우적거리는 날 위로해 준다.

　몸에서 힘을 빼고 움직임을 주지 않으면 흔들의자도 이내 흔들림을 멈춘다. 흔드는 것과 흔들리는 것은 상호작용을 하는 것이다. 대추나무는 가만히 있고 싶지만 바람이 달려와 마구 흔들어 댄다. 찢긴 검은 비닐 조각이 나뭇가지에 걸려 발을 동동 구른다. 대추나무나 비닐이나 자신의 의지와는 상관없이 남의 힘으로 움직이는 것이다. 피동이다. 그렇다고 바람을 능동이라고 할 수도 없다. 기압의 변화나 사람과 기계에 의하여 일어나는 현상일 뿐이다.

　천길만길 낭떠러지 위에 아슬아슬하게 놓인 궤도 안에서 사람은 늘 움직인다. 누워서도 앉아서도 눈을 감고도 어디론가 향해 조금씩 걸어간다. 그 끝이 어디인지 아는 사람은 아무도 없다. 궁금함을 애써 억누른다. 바람을 일으키거나 스스로 바람이 되거나 하루하루가 위태롭지만 흔들림에 몸을 맡긴다. 어쩌면 주어진 길이만큼 잘 살다 간다는 것은 나와 내 안의 또 다른 나를 잘 흔드는 일일 수도 있겠다. 아프다는 말은 아직 살아 있다는 증거이고 흔들린다는 것은 돌이나 나무토막이 아닌 사람이라는 뜻이다. 흔들림이 두렵지 않은 선명한 이유이다.

삶

모래성에
번듯한 문패 하나 매다는 일

발자국에
그럴싸한 변명 하나 남기는 일

앞서간
바람을 따라 뒷짐 지고 나서는 일

나의 『詩 하늘』

'첫'이라는 접두사는 언제나 '설렘'이라는 흥분을 동반한다.

'첫사랑', '첫 키스', '첫 출근', '첫 아이', '첫 시집', 등등 굳이 부연 설명 하지 않아도 너무나 중요한 의미를 지닌 역사적인 한순간이다. 오랜 시간이 지나 기억은 흑백이어도 영원히 가슴에 가두고 싶은 흐뭇하고 행복한 찰나이다. 나에게 『詩하늘』이 바로 그렇다.

2005년, 동창회 인터넷 카페가 만들어지면서 내 인생의 대 변환점이 시작되었다. 그때는 부도를 맞은 이후에 지역 채권단 대표로서 경찰, 검찰, 법원을 쫓아다니며 정신과 육신이 아주 피폐해 있을 때이다. 어쭙잖은 타자 실력으로 카페에 올리는 글들은 정의는 다 죽었다며 사법부를 비난하고 세상을 원망하는 내용으로 채워졌다. 그래도 중간중간 마음에 드는 글들이 있었는지 등단을 해 보라고 권유하는 친구들이 있었다. 그래서 시 공부를 해야겠다고 마음을 먹었고 맨 먼저 찾은 곳이 『詩하늘』이다.

2006년의 일이다. 그해 가을호에 「우중산행」이라는 첫 작품이 실리고 우편으로 배달되어 온 책을 받았다. 스무 살 적에 음악 출판사 작사 모집에 뽑힌 이후로는 처음 맛보는 황홀경이었다. 삶은 퍽퍽하였으나 술 마시는 횟수를 줄이고 읽고 쓰는 노력을 게을리하지 않았다. 정보는 없고 마음만 급한 촌닭은 뭔가에 홀린 것처럼 덜컥 격월간지로 등단을 하고 말았다. 그 후로 인천일보 등에 몇 편의 작품이 실리고 자아도취에 빠져 내가 시를 꽤 잘 쓰는 줄로만 알았다. 솔직히 말하자면 컴맹을 탈출한 지 얼마 되지도 않았으니, 등단에도 급수가 있다는 것을 한참 후에야 알게 되었다. 4년을 더 공부해서 동시조로 다시 등단을 했고 무슨 욕심인지 이듬해 시조까지 신인상을 받게 되었다.

나는 새끼 연어이다. 하지만 나를 등단시킨 모천은 없다. 발행인이 돌아가셨거나 폐간되었거나 여전히 계절마다 신인이라는 알만 까는 출판사만 있을 뿐이다. 불행 중 다행인 것은 『詩하늘』이라는 아버지가 있다는 사실이다. 별것 아닌 운영자에 편집위원이지만, 고향집 같은 『詩하늘』은 지친 몸과 마음을 쉬어갈 수 있는 오아시스이다. 아득한 망망대해에서 만나는 꿈같은 섬이다.

자식이 11,000명도 넘는 아버지께서 올가을에 119번째 시집을 발간하신다. 내년 봄에는 창간 30주년을 맞이한다. 실로 엄청난 일이다. 말수는 적으나 한없이 속 깊고 가슴 따뜻한 큰 산을 닮은 아버지, 50, 100, 아니 천 번을 여러 번 채우고도 계속 이어지면 좋겠다. 그리하여 푸른 별에 사는 모두가 아버지의 자식이 된다면 서로가 서로를 미워하는 일이 줄어들지 않을까? 따끈따끈한 겨울호 시집이 나올 때 첫눈이나 오면 좋겠다. 귀중한 자기 시간을 바치며 애쓴 모두를 위하여 포근하고 사랑스럽게!

시간 쪼개 잠도 덜고 조금 다른 시선으로
하늘의 눈 바다 입술 산의 이마 바람 손끝
늘 곁에 두고 싶은데 한결같이 손사래 친다
문제는 엉덩이 힘 쓸데없이 많은 생각
학령(鶴齡)이 코앞인데 비문 한 줄 엮지 못해
회백색 자판 위에서 몸살 앓는 그대여

시하늘 시낭송 이백 회 9행시
- 시마

시든 건 시간일 뿐 마음은 언제나 0시
하루하루 내달리며 숨 막히는 길 위에
늘 곁에 함께 있어 좋은 그대의 시 나의 하늘
시골 고향 앞마당 바람의 그네에 앉아
낭창낭창 흔들리며 묵언에 든 시어들은
송화색 워낭소리처럼 저녁놀로 휘돌고
이런 그림 저런 생각에 밤은 이미 식은 찻잔
백합이 된 입술로 별빛 다시 홀짝이지만
회신은 아무것도 없다, 신기루 같은 詩 하늘은

장구벌레

　육중한 난타를 공연하거나 풀잎 같은 몸매의 발레리나이거나 지붕 위에 내려앉은 빗방울들은 물길을 따라 한곳으로 모인다. 채소 반 꽃 반인 텃밭 곁을 지키는 빗물 저금통이다. 마당 대부분을 차지한 꽃나무와 상추며 쑥갓, 치커리, 고추, 가지, 오이, 호박 등 텃밭에 채소들을 위한 것이다. 물값보다 더 싼 게 또 있을까 싶을 정도여서 상수도 요금이 걱정되는 것은 아닌데 그들 모두가 수돗물보다는 빗물을 훨씬 좋아하리라는 믿음은 어디서 나온 것일까?
　빗물 통에는 부레옥잠이 순전히 빗물을 먹고 자라며 그 아래에는 여러 마리의 금붕어가 살고 있다. 금붕어 가족은 추워지면 거실로 들어가 좁은 수족관에서 산소 공급기를 끼고 살다가 따뜻해지면 다시 바깥세상으로 나와 훨씬 넓고 깊어진 빗물 통에서 자연광을 즐기며 여유로운 생활을 한다. 햇볕은 뜨거운데 여러 날 비가 오지 않으면 텃밭은 금세 흙먼지가 날아오르는 마른 땅이 된다. 그 위에 사는 많은 생명은 당연히 시들어 간다. 빗물 저금통은 일테면 그들을 위한 작은 저수지인 셈이다.
　사무실의 넓은 지붕 아래에도 빗물 저금통이 두 곳에 자리하고 있다. 세제를 쓰지 않고 대걸레로 세차를 하기 위해 빗물을 받아두는 것인데 여름에는 통을 자주 비워야만 한다. 장구벌레 때문이다. 뚜껑이 없는 고무통이어서 2~3일 지나 물을 살펴보면 모기가 슬어놓은 알에서 부화한 장구벌레들이 떼춤을 춘다. 자세히 들여다보면 숨을 헐떡거리는 것 같기도 하고, 신나는 놀이를 하며 흥에 겨운 모습 같기도 하다. 장구를 메고 하늘로 솟구쳐 올라 회전하는 사물놀이처럼 살아 있음이 명징한 현장이다.

아마도 모기를 좋아하는 사람은 세상에 하나도 없을 것이다.
'짧아도 한 생을 꾸미고 살다가 가려고 이 땅에 온 게 아닌가?'
'그러나 백해무익한 모기의 개체 수를 또 늘려 줄 수는 없지 않은가!'
'더구나 바이러스에 매우 민감한 시국이 아닌가!'

생각에 잠기는 시간은 잠시일 뿐, 이내 행동으로 옮기고 만다. 바가지로 차에 물을 끼얹고 대걸레로 문지른 다음 다시 물을 뿌린다. 통에 조금 남은 물을 말끔히 비운다, 깔끔해진 차를 옮기고 콘크리트 바닥 위를 살펴보면 조금 전까지만 해도 아늑한 보금자리에서 행복해하던 장구벌레들이 아등바등 발버둥을 친다. 그야말로 순식간에 나락으로 떨어진 것이다. 손발을 꽁꽁 묶은 채 물에 흠뻑 적신 가죽옷을 입혀 사막 한가운데 내다 버린 죄인처럼 모기는 천천히 고통스럽게 죽어갈 것이다. 살생을 범하고 말았다는 생각에 마음이 아프다. 미필적고의의 현행범이다.

화장실에 앉아서 모기에게 엉덩이 주사 한 대쯤은 맞아 보았을 것이다. 간호사나 의사 면허증도 없는지 언제나 후유증이 남는다. 가렵거나 따갑기까지 하다. 방충망이나 모기장을 비웃기라도 하듯 침투해 들어와 밤잠을 설치게 하고 안 그래도 고온다습한 날씨로 짜증 많은 계절에 신경을 날카롭게 만든다. 차도살인(借刀殺人)이라는 말이 있다. 말 그대로 남의 칼을 빌려 사람을 죽인다는 뜻이다. 애초부터 싹을 키우지 말아야 한다. 장구벌레가 우글거리는 통에 금붕어를 풀어놓으면 순식간에 증거 하나 남기지 않고 작업을 마친다. 내 마음도 조금은 덜 무겁고 아주 깔끔하다. 문제는 집 마당의 빗물 저금통처럼 금붕어를 기를 수 없는 환경이 아니라는 것이다. 사무실은 대로변에 있고 차와 사람의 왕래가 잦은 곳이다. 금붕어를 옮겨 다니는 것은 금붕어에게도 스트레스일 것이고 번거로운 일이다. 차도살인의 의미에서 거미줄만큼 훌륭한 자객도 없다. 흥정이나 이면 계약할 이유가 전혀 없다. 자기 생존을 위해서 치밀하게 준비하고 마무리 역시 걱정할 일이 없다. 외관상 보기에 좀 흉할지 모르나 집이든 사무실이든 화장실이든 거미줄을 치우지 않는다.

모기는 종류가 다양하다. 그만큼 무시무시한 뇌염과 각종 질병을 옮기는 매개체이기도 하다. 우리나라 토종으로 모기를 잡아먹고 사는 광릉왕모기를 제외하면 대부분 해충이다. 사랑받지 못하는 것도 서러운데 거미나 잠자리 같은 천적의 좋은 먹잇감이기 되거나 스프레이 약이나 향 짙은 연기로, 혹은 파리채나 손바닥으로 비명횡사해야만 하는 운명으로 태어났다. 매미처럼 성량이 풍부한 것도 아니고 여치나 귀뚜라미처럼 호소력이 아주 짙은 것도 아니다. 음정 박자 모두 무시한 음치가 사이렌을 울리며 무리하게 공습을 단행하다가 결국은 격추당하고 만다. 모기도 먹고 살기 위해서, 종족 번식을 위해서 목숨을 담보로 흡혈을 하는 것이지만, 사람이나 가축에게 살가운 존재는 분명히 아니다. 사람이야 온갖 수단과 방법을 동원해 모기의 습격을 물리친다고 하지만, 개나 소, 돼지 같은 가축들은 꼬리를 흔들어 쫓는 일 외에는 달리 방법도 없다.

바닥에서 나뒹구는 장구벌레를 한참 동안 바라보는데 모기들이 떼로 달려드는 것 같다. 내 새끼들 살려내라며 발을 동동 구르며 아우성을 치는 것만 같다. 영화 타이타닉의 침몰 장면과 세월호 유가족들의 절규가 너울성 파도처럼 밀려온다. 못 할 짓을 한 건가? 가벼이 왔다가 너무 가벼이 떠나는 장구벌레에게 매우 미안하다. 존재의 큰 의미를 부여받지 못한 미물일지라도 좀 더 세상을 즐기다 가면 좋을 텐데, 길지도 않은 시간을 내가 송두리째 빼앗아 버린 것 같다. 너나 나나 이번 생에서는 서로에게 고통을 주는 악연으로 만났지만, 몇 겁을 돌아 다음 생에 다시 만날 수 있다면 아주 좋은 인연이기를 바라며 모기 가족들의 명복을 빈다. 그리고 가만히 두 손을 모은다.

모기

싫으니까
오지 말라고

꽁꽁
문을 잠갔는데

부끄러운
엉덩이에

몰래
주사를 놓고 간다.

슬며시
약을 올리는

얄미운
간호사
언니

유통기한과 사용기한

1) 병아리보다 조금 큰 어린 닭.
2) 비교적 나이가 어린 이성(異性)의 사람을 속되게 이르는 말.

'영계'를 국립국어원 표준국어대사전에서 검색하면 이렇게 되어 있다. 우리나라 사람들은 특히나 영계를 좋아한다. 아니 밝힌다. 영계구이, 영계백숙, 영계찜, 무게 50kg 미만, 생후 6개월 미만의 암송아지 등 요리에 필요한 육류 말고도 마트 같은 곳에 진열된 상품들 대부분에 해당한다. 이를테면 먼저 태어난 것보다 나중에 태어난 것을 선택한다. 빵이나 우유, 두부와 콩나물, 어묵, 달걀과 소시지 같은 식품들은 비교적 사용기한이 아주 짧다. 가늘고 짧게 살다가 가는 어쩌면 기구한 운명이 정해진 식품들이다. 도파민의 활성화로 사랑의 유통기한은 1년 정도라 한다. 도파민이 식어 사랑이 떠난 자리는 애착과 결합을 유도하는 옥시토신이라는 물질로 보충된다.

사용기한이란 소비자에게 판매가 허용되는 기한을 뜻하며, 따라서 이 기간이 넘은 이후에도 해당 상품을 계속 판매하는 것은 위법 행위에 해당한다. 그러므로 마트 직원들은 상품이 입고되는 순서대로 앞으로 당기거나 위로 올려 먼저 팔릴 수 있도록 진열한다. 제품의 사용기한을 넘겨 반품이나 폐기되는 일을 줄이고자 노력하는 것이다. 그러나 소비자의 손은 늘 진열 행렬의 맨 뒷자리나 아랫자리로 향한다. 이 과정에서 진열 상태나 제품이 헝클어지고 뭉개지고 일그러지는데 그런 것은 아랑곳하지 않는다. 다만 나 홀로 '영계'를 택하면 그뿐이다. 돈을 내는 왕이니까. 그러나 버림받은 '노계'의 운명은 어찌 되는가? 모두 쓰레기가 되고 만다. 이름은 달고 태어났으나 쓸쓸한 최후를 맞는 것이다.

 살아 숨 쉬는 것 중에 시한부 아닌 것이 있겠는가? 나이가 대략 46억 살인 지구는 얼마나 더 살 수 있을까? 무한(無限)에 가까울 수는 있어도 세상에 죽지 않는 것은 없다. '영원'이라는 단어를 쓰지도 말하지도 않은 것이 언제부터였을까, 길게는 두 번째 사랑과의 결별이고 짧게는 막냇동생의 갑작스러운 죽음이었던 것 같다. '영원'이라는 새빨간 거짓말로 사랑을 속삭이고 아무리 종말이 없는 내일의 희망을 이야기해도 영원은 없다. 잠시 이 푸른 별에 머물다 가는 사람으로서 함부로 영원이라는 말을 입에 담을 수 없기 때문이다. 이 땅 위의 모든 존재는 사라지기 위한 하나의 과정일 뿐이다.

 마트를 순회하며 식품 영업을 하는 1t 차들의 운전석 옆자리는 늘 '폐계'들로 가득하다. 마트에서 일을 마치고 애마에 올라앉으면 우유며 어묵, 소시지 같은 사용기한을 넘긴 제품들이 나를 반긴다. 과부 마음을 과부가 알아주듯 동병상련의 심정으로 서로 말없이 아픔을 나누는 것이다. 그 횟수나 수량은 불경기일 때 비례해서 늘어난다. 가끔은 생막걸리도 생기는데 그날 저녁은 어김없이 한잔하는 날이다. 공짜로 먹는 술과 안주이지만, 썩 기분 좋은 상황은 아니다. '폐계'가 나올 상황을 고려해서 상품값이나 마진이 정해졌을 테지만, 모두가 금 같고 아까운 돈이기 때문이다.

 영어로 유통기한이 Best before라고 쓰이는 것에서 볼 수 있듯 '이

기간 내에 먹는 것을 권장한다'라는 뜻이지 '그 이후에 절대 먹어선 안 된다'는 뜻이 아니다.

30년 전 빵 대리점을 시작한 지 얼마 되지 않았을 때의 일이다. 매니큐어를 지우는 아세톤으로 유통기한을 지우는 구멍가게 할머니 한 분이 계셨다. 다 지우는 것이 아니고 교묘하다 싶을 정도로 알쏭달쏭하게 살짝 지우는 것이었다. 감옥에 갈 수도 있는 큰일이라고 만류하며 뺏다시피 회수했지만, 다 먹을 수 있는 빵이고 먹어도 탈 나지 않는다며 고집을 피우셨다. 금전적인 부분을 떠나 어르신의 마음에는 음식을 버린다는 게 더 큰 죄로 여겼으리라.

식품 폐기에 관한 관심은 세계적으로 나날이 높아지고 있다. 한 해 2,759만 톤의 식품 폐기물이 발생하고 그중에 먹을 수 있음에도 버려지는 식품이 643만 톤이나 된다는 일본에서도 2019년 10월부터 식품 폐기 삭감 추진법이 시행되고 있다. 먹을 수 있는 식품의 대량 폐기를 조금이라도 줄여 보자는 의미이다. 유엔의 '2019 세계 식량안보와 영양 상태 보고서'에 따르면 지난해 기아로 고통받은 인구는 전체의 약 11%에 해당하는 8억 2,160만 명이다. 유엔 세계식량계획(WFP)은 '기아 인구=0'이라는 '제로 헝거'(Zero Hunger) 달성을 위해 버려지는 식량을 최소화하는 것이 중요하다고 강조한다. 기아 문제뿐 아니라 경제적 손실, 환경보호 등을 위해서도 음식물 쓰레기는 중요한 과제가 됐다. 우리나라도 사용기한 표시로 한 해 버려지는 식품 규모가 7,000억 원 이상 1조 원이 된다는 보도가 있다. 사용기한을 부패·변질이 시작되는 기한으로 오해하다 보니 소비자들이 사용기한이 임박한 제품은 구매하지 않아 버리게 되는 것이다.

'폐계'들은 여러 군데 좋은 일에 쓰이기도 한다. 집이나 사무실 주위의 어르신께 나누어 드리고 마당 한쪽에 놓아두면 길고양이와 참새나 직박구리, 까치도 날아와서 맛있게 먹고 간다. 토종닭을 키우는 친구는 빵을 가지러 오는 날마다 달걀을 들고 온다. 가끔 겨울 산행 때에는 먹을 게 없는 들짐승들을 위해 눈 위에 뿌려주기도 한다.

의식도 없이 산소호흡기에 의지해 언제 끊어질지 모르는 삶의 끈에 가늘게 매달린 고령의 환자들, 무기력하게 창밖을 바라보는 가족들, 모두에게 고통스러운 생명 연장이 무슨 의미가 있을까? 이미 유통기한도 사용기한도 다 지난 것은 아닐까? 2018년 2월 4일 연명의료 결정 제도가 시행된 이후 2019년 10월 현재로 7만 996명이 연명의료를 유보하거나 중단했다. 사전연명의료의향서 등록 인원은 43만 457명이다. '사전연명의료의향서'란 19세 이상인 사람이 자신의 연명의료 중단 등 결정 및 호스피스에 관한 의사를 직접 문서로 작성한 것이다. (전자문서를 포함한다.) 죽음이 임박한 상황이 되었으나 본인의 의사가 불분명한 경우, 가족이나 의료진은 현존하는 의학 기술을 동원하여 생명을 연장해야 한다는 윤리적인 압박으로 인위적인 생명의 연장을 위해 노력하게 된다. 이 경우 본인의 의사와 관계없이 인위적인 생명 연장 장치에 의존하게 되어 인간의 존엄을 유지하지 못할 가능성에 대비하여, 자신이 미리 자신의 의료 방향에 대하여 결정할 수 있도록 한 문서이다. 많은 사람이 의미 없는 생명 연장에 동의하지 않는다는 뚜렷한 증거이다. 나 역시 그중 한 사람이다. 웰라이프 지도사 2급 자격증을 따면서 바로 등록증을 발급받았다. 곱게 살다가 아름답게 사라지는 일은 권리이자 의무이다.

사람이든 상품이든 줄탁동시(啐啄同時)라는 위대한 의미를 안고 세상에 나온다. 선택받기 위해 태어났으므로 언제나 건강한 이미지와 최상

급의 품질을 유지해야 한다. 위험천만한 영계의 시절을 거쳐 노계가 되고 폐계가 되었을 때 최후의 순간까지도 세상에 도움이 되는 우아한 마음을 지녀야 하겠다. 다시 생산될 수도 있을 테니까.

유통기한

피 같은 달러와 기름, 진땀으로 버무려진
빵, 우유, 햄, 소시지, 신선식품 가슴팍에
버려질 운명의 시각 불도장으로 선명하다

탈이 난 푸른 별은 앓아누운 지 오랜데
더 깊고 은밀한 곳의 영계만을 간택하고
오로지 종족을 위한 모두가 왕인 사람들

태어난 순서대로 먼저 가도 좋으련만
성가신 짐짝으로 호들갑을 떨다가
허기진 푸드뱅크에는 누굴 위해 떠미는가

時 테크

 시간은 어느 곳에서나 존재하기도 하고 어디에도 없는 유령 같은 존재이다.

 불가에서 말하는 색(色)과 심(心)이 합한 경계이기도 하고 물리학은 지구의 자전 주기를 재서 얻은 단위로, 고전 물리학에서는 공간에서 독립한 변수 곧 절대 시간으로 다루어졌으나, 아인슈타인의 상대성 원리에서는 양자가 물리적 사건을 매개로 하여 사차원의 시공 세계를 형성하는 것으로 다루고 있다. 시간은 돈이며 흐름이다.

 우리가 떠나서는 살 수도 없는 시간이란 무엇인가? 시간은 어디에서 생성되어 어디쯤에서 소멸하는가, 인간은 왜 시간이라는 틀을 만들어 놓고 스스로 그 안에 갇혀 사는가, 시간의 끝은 있는가? 바윗돌이 비바람에 깎여 조약돌이 되기까지 얼마나 걸릴까, 그 조약돌이 물길을 따라 굴러 바닷가에 도착해 모래알이 되는데 얼마만큼의 시간이 필요할까? 깊이 생각하면 할수록 점점 어려워지는 질문만 늘어날 뿐 무엇 하나 명쾌한 답을 구할 수가 없다.

 교차로에서 붉은 신호등이 들어오면 얼른 손톱깎이를 꺼내 손톱을 자른다. 한 교차로에서 여유 있게 두 개는 자를 수 있다. 반대편 차 안에서는 여인이 화장을 한다. 아침이므로 고치는 게 아니라 지금 새로 시작하는 게 분명하다. 밥 짓고 설거지하랴, 큰아이(남편)와 작은 아이들 챙기랴, 얼마나 분주했을까? 상상만으로도 호흡이 가빠진다. 천 분의 일 초까지 다투는 스포츠 경기처럼 우리가 살아내는 하루하루도 시간과 속도와 전쟁이다. 변기 위에 앉아서 양치질을 하는 일, 산책을 하면서 이어폰으로 음악을 듣는 일, 뉴스를 보면서 아령 운동을 하는 일도 금 같은 시간을 조금이라도 아끼기 위해서이다. 자동차, 비행기, 고속열차, 세탁기, 가스레인지, 전기밥솥, 등은 인간의 시간 절약을 위해 태어난 것들이고 우편물이나 택배 같은 심부름은 돈을 주고 사는 시간인 것이다. 짬을 이용하지 못하는 사람은 항상 짬이 없는 법이다.

  살기 위해서 어쩔 수 없이 낮에는 배달 일을 하고 밤엔 슈퍼를 보며 하루에 4시간만 자며 살아 낸 시절이 있었다. 그것도 새벽 두 시에서 네 시 사이, 오후 두 시에서 네 시 사이로 두 번을 나누어 잤다. 돌아보면 참 미련스럽게 살았구나, 하는 후회가 들기도 하지만, 하나의 일을 접기까지 15년을 그렇게 살아야 했다. 그 여파로 지중해 연안 나라들의 낮잠 문화인 '시에스타'처럼 오후 두 시만 되면 졸린다. 사람이 100살까지 산다고 가정할 때 잠으로 허비하는 시간은 대략 30년이 넘는다. 얼마나 아까운 시간인가! 산만 한 바위를 100년에 한 번 스치는 옷깃으로 다 닳을 때까지를 일컫는 겁(劫)과 겁(劫) 사이에 무한한 시간처럼 보이지만, 사람에게 허락된 시간은 유한하다. 정동진의 모래시계처럼 일 년에 한 번 다시 돌릴 수도 없지 않은가!

  괴로울 땐 일각이 여삼추요, 즐거울 땐 쏜살같은 게 시간이다. 누구에게나 공평하게 나누어진 시간이지만, 사용하는 사람에 따라서 상황이 달라진다. 정년퇴직하고 평일 오전에 가까운 산에 오르는 사람과 오늘 안에 맡은 바 임무를 마쳐야만 하는 사람의 하루의 거리는 같으나 다를 것이다. '그래도 국방부의 시계는 돌아간다.'는 장병들이 휴가

나 전역을 기다리는 것과 배낭여행을 떠나는 젊은이가 기차나 여객선을 기다리는 시간이 어찌 같을 수 있겠는가? 시간은 물과 같이 언제나 위에서 아래로만 흐른다. 거스를 수 없다는 뜻이다.

시간이 없어서 공부를 하지 못했다. 열여섯 살부터 나는 밑바닥에서 인생 수업을 먼저 들어야만 했다. 대학까지 계산하면 자그마치 8년이라는 긴 시간인데 그 시간은 내게 무엇으로 남아 있을까, 돈은 아니다. 경력은 더 아니다. 억울해할 것까지야 없어도 자의 반 타의 반으로 빼앗긴 청춘이다. 아내의 강력한 권유로 마흔아홉이 되어서야 다시 공부를 시작했고 일 년 만에 고검과 대검에 모두 합격하는 영광을 누렸다. 내친김에 곧바로 대학에 들어갔고 4년의 주경야독의 시간이 이어졌다. 아들 또래의 학우들과 나눈 호흡은 나를 조금이나마 젊게 했으며 교수 사회의 모순이나 비정함 같은 것은 모르면 더 좋았을 서글픈 일이었다. 하나를 얻기 위해서는 하나를 바쳐야 하는 야구의 번트처럼 귀하게 건진 것도 대신에 잃은 것도 많았다.

시간 앞에 만인이 평등하지만, 이자도 없고 대출도 되지 않는 게 시간이다. 떠난 것은 고치거나 주워 담을 수 없어도 다가올 시간에 대해서는 설계를 할 수 있다. 시간 설계가 곧 삶의 설계이고 잘된 설계와 그렇지 못한 설계의 차이는 엄청날 수밖에 없다. 생각 없이 그저 그냥 그렇게 산 사람과 철저하게 계산하고 계획한 안에서 움직인 사람의 종착지는 극명하게 다른 모습일 것이다. 멈추기 위해 떠난다고 했던가, 노쇠하지 않고 지금 그대로의 모습으로 남아 있기를 원하지만, 사람에겐 그런 축복이 주어지지 않았다. 무엇인가 얻기 위해서는 우리에게 똑같이 주어진 시간이라는 비용을 지출해야 한다. 그 분야의 최고가 되기 위해서는 만 시간 이상을 투자해야 하고 금쪽같은 시간을 바쳐야만 금

전적 혜택이나 원하는 성과물을 손에 쥘 수 있다.

"하루만 더 살 수 있다면 너희 모두 한 번씩 업어주고 싶은데…"

목에 호스를 꽂은 채 공책에다 펜으로 꾹꾹 눌러쓴 아버지의 마지막 필담이다. 누군가의 하루는 누군가의 일생과도 같은 길이다. 나의 남은 시간의 알은 얼마나 될까? 하루에 하나씩 빼 먹는 곶감 같은 날들은 몇 개나 남았을까? 알 수 없는 일이다. 그것은 신의 영역이다. 쉬엄쉬엄 거북이처럼 살아도 하루요, 개미처럼 바동거려도 하루이다. 다만 하루하루를 감사하게 생각하며 허투루 소비하지는 말아야 하겠다. 언제 어디에서 어떻게 올지 모르는 운명이라는 시간은 비껴갈 수 없으니까.

"네가 헛되이 보낸 오늘은 어제 죽어간 이가 그토록 바라던 내일이다."

소포클레스의 명언처럼 바로 지금, 오늘을 잘 살아야 한다.

대척점

공간이 시간이고
시간은 공간이다

혜성이 나를 돌고
나는 다시 중심이 된다

생성과
소멸 사이에
물결 하나 흐를 뿐

술 권하는 여인

 다 태우고 흔들리다 핏기 잃은 침묵 앞에 눈치 빠른 여인이 술상을 들이민다.
 가을비가 내린다. 기와 모양의 컬러 강판 위에 떨어지는 빗소리가 요란하다. 때로는 로큰롤처럼 빠르게, 때로는 발라드처럼 느리게, 때로는 국악으로, 여러 장르의 음악으로 귀가 행복해지는 시간이다. 텃밭엔 여남은 가지들이 손을 흔든다. 추우니까 집으로 데려가 달라고 소리를 지르는 것 같다. 꽃 진 자리 씨를 품은 부추도 따스함이 그리운지 고개를 푹 숙인 채 손길을 기다리고 있다.
 아내가 분주하다. 빗소리를 좋아하는 아들에게 전화하고 한바탕 잔치를 벌일 모양이다. 불판 위에서 노릇노릇 삼겹살이 일어갈 때쯤 썰어 놓은 가지를 올린다. 부추겉절이와 함께 안주가 준비되면 아내는 포도주, 나와 아들은 소주를 잔에 가득 채우고 건배를 외친다.
 "자, 우중주(雨中酒)를 위하여!"
 한 잔 두 잔 술잔은 돌고 빗소리 연주도 따라 흐르고 정담은 익어 간다. 얼큰히 취기가 돌자, 옛날로 돌아가는 기억의 레일 위에 기적이 축축하다.
 생전에 아버님은 술을 드시지 않았다. 일등상사로 근무하던 군에서 술이 원인이 된 큰 화재 사고가 있고 난 뒤로 끊었다 하셨다. 그런 아버님이 술 드신 걸 딱 한 번 보았다. 부상으로 받은 사전들은 친구에게 던져 주고 책가방을 통째로 고물상에 팔아버린 뒤 상경하겠다고 일방적으로 통보했다. 돈 내라 하는 학교가 싫었고 가난이 지긋지긋했기 때문에 돈을 벌어 성공해서 돌아오겠다고 했다. 2월의 마지막 날 청량리행 마지막 밤 기차를 기다리는 역 대기실에 아버님이 나타나셨다. 얼굴이 늦가을 단풍잎처럼 흔들렸다. 그 어떤 말 한마디도 없이 꼬깃꼬깃한 지폐 몇 장을 뒷주머니에 꽂아 주셨다. 내가 보이지 않을 때까지 개찰구에 서 계신 것을 보았다.

속이 많이 상하셨으리라. 몇 달 전에 총학생회 임명장을 받고 공부도 운동도 2등을 모르는 아들이 집을 떠나겠다니 참 황당했으리라. 잡는다고 붙어 있지 않을 거라는 예감도 했으리라. 다음 날 새벽 청량리역에 도착할 때까지 앞으로의 설렘이나 두려움보다는 난생처음 마주한 아버님의 붉은 낯빛이 밤새도록 덜컹거렸다.

아들은 술잔을 들 때마다 건배를 원한다. 아내는 나이 좀 생각해서 한 번이라도 양보 좀 하라고 지청구를 하지만, 사실 난 그런 아들이 좋다. 내 아버지와 술잔을 부딪쳐 본 일이 없으므로 건강염려 따윈 문제가 되지 않는다. 형 같은 아버지,

부를 때 곁에 있어 줄 친구 같은 아버지가 되고 싶은 것이다. 그 어떤 소리이든 귀를 열고 마음의 문을 활짝 열고 다 들어주고 싶기 때문이다.

집에서 술을 마시는 날은 백일장의 시제 같은 제목이 꼭 따라붙는다. 언짢고 슬픈 날에는 위로주, 좋은 일 있는 날에는 축하주, 비가 오면 우중주, 눈 내리면 설중주, 주말에는 주말주, 휴일은 휴일주, 한 달 동안 고생 많았다고 말일에는 마감주, 첫 애호박 딴 날엔 수확주, 미나

리, 부추 부침개주, 대추와 매실이 잘 우러났는지 맛보는 확인주, 저녁 식탁에 얼큰한 김치찌개가 올라오면 반주….

"나 몰래 생명보험을 많이 들어 놓았나 봐?"

술상이 싫지 않으면서도 짓궂은 질문을 하지만, 다 안다. 나를 위해서 그런다는 것을. 살다 보면 숨길 수 없는 것들이 있다. 희망의 불빛이 보이지 않을 때의 표정이다.

월말에 장부 정리를 마치고 지출을 뺀 수입이 심각하다고 느낀 것이 대략 십 년쯤 된 것 같다. 덩치 큰 마트와 한 골목 건너 하나씩 생겨나는 프랜차이즈 편의점 때문에 자고 나면 주요 거래처인 작은 슈퍼들은 문을 닫았다. 판매 가격 경쟁으로 이윤은 줄고 일주일에 하루 쉬던 일요일도 사라졌다. 피처럼 돌아야 할 기(氣)가 혈전으로 막힌 것 같았다. 당연히 몸과 마음이 전에 없이 지쳐갔다. 대리점이라고 해서 상권 보장도 없고 '상도'라는 말은 기대할 수도 없다. 20년을 넘게 발로 뛰어 일구어 놓은 삶의 터전이 한꺼번에 와르르 무너지는 소리가 들리기 시작했다. 급변하는 환경에 종업원 모두 떠나고 식구 세 사람만 남았다. 나는 사장이자 배달원이며 경리이다. '마감증후군'에 시달리면서도 쉬이 접을 수가 없다. 도시 생활에 염증을 느껴 낙향해 어렵게 시작한 일이다. 다시 도시로 나가고 싶지 않다. 막일하는 젊은이들도 일이 없어 노는데 이순을 넘긴 나이에 불러주는 데도 없을 것이며 마땅히 갈 곳도 없다.

"이번 달에는 얼마나 벌었어?"

아내는 요즘 그런 질문을 하지 않는다. 다만, 또 한 달을 잘 살아냈다고 조용히 술상을 차려준다. '마감주'는 곧 '위로주'인 것이다. 축 처진 사내의 어깨를 토닥이는 여인의 따스한 손길이다. 하늘만 한 배려이다.

한없이 미안하고 진심으로 고맙다. 게으른 적 한번 없고 샛길로 빠진 적 없는 내게 주는 상이라고 믿고 싶다.

  술이 지닌 최고의 장점은 진통 효과이다. 한잔 술로 불안한 내일과 노후 설계를 덮는다. 찰거머리 같은 음의 부호를 지운다. 마뜩잖은 오늘을 있는 힘껏 걷어찬다. 단전에 힘을 주고 속으로 소리를 질러 본다.

  '하늘이 무너져도 어딘가에는 숨구멍이 있을 것이다.'

  '뭐든 할 수 있다!'

  '너를 위해서도 나를 위해서도!'

  비가 멎었다. 불콰한 저녁놀이 깜짝 놀라 뒷걸음친다. 두 주먹에 다시 핏줄이 선다.

물소리 수첩

눈 감은 왼 가슴에 꿀통 하나 저장할까
어물쩍 선을 넘는 꽃 도둑 나타나면
복사한 사진 이미지 편집 없이 펼쳐놓고

채소보다 꽃이 많은 영혼의 뜰아래채
목마른 새도 먹고 손 씻고 발도 닦는
넉넉한 빗물 저금통에 물소리를 앉히면

코끝을 간질이는 부침개 짙은 향기
오늘은 무얼 쓰나 어떤 색을 입혀 볼까
여인이 술 권하는 소리 쪼르르르 뚝, 뚝, 뚝

낮술

1.

쏟아지는 생각처럼
빗소리 굵어지면

많은 게 궁금하다
입은 더 궁금하다

여백을 채우라 하는
오, 우주(雨酒)여
부침개여!

2.

아침 이슬 어룽어룽 술잔 속을 빠져나와
녹슨 기타 줄을 겅중겅중 뛰어다닌다

낯익은 허밍 한 소절
잔망스레 따라온다

바다 극장

바다는 늘 똑같아 보이지만 사실은 단 하루도 같은 날이 없다.
가까이에 사는 사람에게나 멀리서 일부러 찾아오는 사람에게나 바다는 아낌없이 자기 품을 내어준다. 덧칠하거나 지우는 일 없이 있는 그대로의 모습을 보여주는 일테면 바다는 거대한 극장이다. 손 닿는 곳 모두가 내 땅이라는 듯 끝도 없이 선을 그어놓은 하늘 지붕은 그 자체만으로도 한 편의 영화이다. 음향을 줄여놓고 자막도 없이 감상하면 감동이 두 배로 다가오는 독립영화라고나 할까? 입장료가 없는 객석은 지정석이 따로 없고 바위에 걸터앉거나 해송 아래 서거나 모래밭에 눕거나 자유이다. 등대에 등을 대고 앉는 자리는 특등석이다. 머리 바로 위에서 주인공을 쏘아주는 서치라이트를 따라 시선을 옮기면 된다. 과자를 먹든, 음료수를 마시든 옆 사람 눈치를 보지 않아도 된다. 다만 화면을 가리지 않으면 된다. 행여 함께한 사람에게 정신을 뺏겨도 중요한 장면을 놓칠 염려가 없다.
영화는 날마다 장르도 다르고 주연 배우가 바뀌어 등장한다. 어떤 날은 파도와 바람이 액션 주인공으로 나와 온몸으로 갯바위와 싸우는 연기를 하고 어떤 날은 새침한 구름과 부드러운 갈매기가 조용한 주인공으로 나와 잔잔한 멜로 연기를 한다. 가끔 통통배가 출연해 목가적인 풍경을 연출하고 여러 대의 군함이 열을 맞춰 등장하는 전쟁 영화도 있다. 여름 한 달가량은 수많은 관객이 직접 참여해 만드는 다큐멘터리 영화가 상영된다. 이때는 입장료보다 훨씬 많은 자릿세를 내야 하는 상황이 생기기도 한다. 관객들은 대체로 스케일이 웅장한 조조 영화를 더 좋아하지만, 심야 영화를 관람하는 재미도 쏠쏠하다. 일출 영화를 즐기는 사람들은 어제보다 내일을 더 중요시하는 유형일 테고 월출 장면을 더 좋아하는 사람들은 어제도 오늘도 모두 소중히 생각하는 유형일 것이다. 계절마다 조금씩 다르기는 하지만, 심야 영화는 조조 영화와는 달리 술이 한 잔씩 필요할 때가 있다. 해안선 모퉁이 근처 산등성에 게딱지처럼 다닥다닥 붙은 집들이 나타나면 지지리 가난했던 어린 시절이 떠올라서 그러하고 칠흑 같은 배경 위에 오징어를 잡는 배에서 집어등 불빛이 뿜어져 나오면 고된 하루하루의 삶을 일구어내는 나와 우리를 포함한 많이 갖지 못한 사람들을 위로하고 싶기 때문이다. 나지막한 파도 소리 음향만 남고 모든 화면이 일시 정지되어 옛날로 가는 시간에 한 잔의 술은 가슴을 차갑지 않게 데워주기 때문이다.

    필름과 기억을 한꺼번에 모아두는 저장소에서 먼지를 껴안고 깊이 잠든 흑백영화 한 편을 꺼낸다. 리모컨을 누르자 철 지난 해수욕장 백사장에 모래바람이 일고 동전을 줍는 아이가 나타난다. 여름 내내 사람들이 흘리고 간 동전들이 바람에 의해 귀한 얼굴을 드러낸다. 무릎을 꿇었다 폈다 하기를 반복하던 아이는 이내 문방구로 달려간다. 그 맛있는 뽀빠이와 삼양라면을 만지작거리며 고민하던 아이는 가죽 공도 아닌 고무공 하나를 안고 아주 흡족한 웃음을 짓는다. 축구를 좋아하던 아이는 부모님께 공 하나 사 달라고 차마 말을 못 하는 애어른이다. 모래밭에서 금반지를 줍는 상상을 하며 눈이 내리는 날은 그 눈이 하얀 쌀이면 정말 좋겠다고 생각하는 아이가 측은하다. 오랜 세월 탓인가? 화면이 흐려지고 흔들리다 멈추고 만다.

극장이라고 매번 필름만 돌리는 것이 아니다. 전속 가수도 있고 무희도 있다. 오케스트라 연주는 자타가 공인하는 수준급이다. 사람들은 그저 조용히 눈을 감고 그 음악에 귀를 빌려주고 몸을 맡기면 된다. 전속 가수인 갈매기는 관중에 따라 장르를 바꾸어 부른다. 동요에서 트로트에 팝송까지 그야말로 만능이어서 가끔은 관중들이 많은 팁을 던져 주기도 한다. 그런 날은 힘이 더 나는지 더욱 열심히 노래를 부른다. 모오리돌 여가수는 주로 기타를 치며 발라드풍 노래를 부르는데 그 목소리가 너무 부드럽고 흡인력이 강하며 늦은 밤에 들으면 촉촉하기까지 하다. 고정 팬이 많아서 팬클럽이 있을 정도이다. 싱싱한 젊음이 무기인 파도는 중국에서도 미국에서도 꽤 유명한 아이돌 가수이다. 때로는 부드럽게 때로는 강렬하게 온종일 공연을 하고도 지칠 줄 모르는 열정으로 춤도 랩도 노래도 일품이다.

어떤 날은 방파제나 기암괴석을 두들기는 난타와 함께 오케스트라의 협연이 열리기도 한다. 이때는 꼭 지휘자가 함께 등장한다. 뒷머리를 길게 기른 바람이다. 긴 머리칼을 휘날리며 지휘하는 모습은 마치 수천수만의 군사를 거느리고 광야를 내달리는 장군의 모습을 연상시킨다. 연주는 청중의 숨소리조차 허용하지 않을 기세로 웅장하다. 이어지는 사물놀이 한마당은 출연진 모두가 등장해 장단에 맞춰 어깨춤을 추는 하이라이트이다. 중간에 들어가는 추임새는 어선과 화물선의 뱃고동이 담당이다. 잔칫날 같은 한바탕 놀이가 끝나면 서서히 숨 고르기에 들어간다.

인생이라는 극장의 하루도 늘 똑같아 보이지만 자세히 들여다보면 같은 날이 하루도 없다. 맑거나 흐리거나 눈이 오거나 비가 내리거나 눈을 뜨고 있는 한은 극장 문을 닫을 수가 없다. 아니 닫히지도 않는다. 사람이 그 극장의 주인이자 주인공이다. 어떤 영화를 찍고 어떤 공연을 준비하느냐는 그 사람에게 달려 있다. 마음 가부좌를 틀고 지그시 눈을 감거나 두 눈에 힘을 주고 바라보거나 생각의 바다 역시 주인공에 따라 깊이와 크기가 달라진다. 깊고 넓은 생각이 좋은 영화를 만들고 훌륭한 공연을 기획한다. 삶의 지휘자로서 감독으로서 최선의 노력을 다한다면 버리고 싶고 지우고 싶은 장면들을 최소한으로 줄일 수 있지 않을까. 인생극장에 의미라는 씨앗을 뿌리고 가꾸면 향기 좋은 꽃이 피고 열매 맺지 않겠는가.

수평선 여인

섬이며 도시였고 임이자 남이었고
닿을 듯 닿을 수 없는 너무 먼 당신이기에

다 잊고
지내는데 왜?
자꾸만 부르십니까!

갈매기 배달부에 손 편지라도 전해 오면
한 며칠 뗏목을 타고 노를 저어 오신다면

해당화
솟은 담 뒤로
숨지는 않겠습니다

내 이름 샤니, 그대 이름은 디 에스!

　신동이라 불리던 아이는 몸보다 마음이 먼저 자라서 날마다 싸우는 소리가 들리는 집이 싫어졌다. 사는 일을 먼저 배워야만 했다. 첫 직장은 연대와 이대가 코앞에 있는 기계 부품 공장이었다. 그곳에서 불리던 이름은 '야'이거나 '야 감자!'였다. 권투를 하고 있었기에 다행히도 다른 또래들보다는 폭언과 폭행의 수난을 덜 당했지만, 창살 없는 감옥이요, 지옥이 따로 없었다. 금방이라도 세상을 손에 쥘 듯 의기양양 하던 모습은 사라지고 밤마다 우는 날이 많아졌다. 탈출하고 싶었지만 어떻게 어디로 가야 할지를 몰랐다. 집으로 돌아갈 수도 없고 혈혈단신의 강원도 촌놈은 그냥 견디는 수밖에 없었다.
　그대와 나의 운명적인 첫 만남은 서울 신월동의 작은 산부인과에서 이루어졌지. 토큰 하나로 세 시간씩이나 생각을 이을 수 있는 시내버스를 타고 내내 창밖을 내다보며 이름을 지어 두었어. 진흙에서 태어나 이 바닥 저 바닥 개똥밭을 구르는 아빠보다는 훨씬 큰 사람이 되라고 큰 대, 뫼 산, 金大山. 하지만 그대의 첫 울음소리를 듣지는 못했지. 첫아들인데, 준비해야 할 게 많은 것만큼 돈이 필요한데…. 도망간 사장을 찾아 밀린 임금을 받으러 다닌다는 게 그리 쉬운 일이 아니었어, 새로운 직장도 구해야 하고, 그러다 포장마차에 풀썩 주저앉아 술을 마시느라 많이 늦었거든. 돌아보면 육십 평생 중에서 출구가 보이지 않던 가장 긴 암흑의 시기였던 것 같아.

우여곡절 끝에 고향으로 돌아온 뒤 나는 '샤니'라는 이름으로 살게 되었어. 빵 대리점을 하다 보니 선배는 '샤니야', 후배들은 '샤니 형님', 거래처에선 '샤니 사장님', 받침이 없어 이름 대신 부르기에 좋았나 봐! 그대는 하나뿐인 '작은 샤니'라는 이름으로 불리며 내가 어릴 적 푸른 꿈을 키우던 초등학교에 다니게 되었지. 그 운동장과 바로 그 은행나무 사이를 함께 누빈 그대와 나는 동문이라는 또 다른 끈 하나로 이어지게 된 거야.

병역의 의무를 다하고 소방방재학과에 복학하려던 그대의 앞날을 걱정하다가 학교와 전공과목을 바꾸기로 했지. 그 결과는 한 가족 세 명이 같은 대학교 같은 과에서 공부를 하는 드라마 같은 얘깃거리가 되었어. 내가 2학년일 때 신입생으로 들어왔으니까 대학교도 동문으로 다시 이어진 거지. 그때부터였어, 나와 함께 그대가 빵 배달 일을 시작하게 된 것이. 대학교 주차장에는 '샤니'라는 이름이 붙은 차가 두 대나 되었어. 1t 화물차라 눈에도 잘 띄지. 나는 거의 야간 수업이라 오전에 학교 매점에 배달을 가면 그대가 지각했는지 결강했는지 다 알 수 있었지. 그대는 '대산이 오빠' 나는 그냥 '오빠'하고 부르거나 '대산이 형'으로 부르다가 나에겐 '형님'으로 부르는 몇몇 학우들 만나 보면 정보는 더 정확해지지. 다만 모른 척하고 지냈을 뿐. 1교시에 수업이 있는 날은 마음이 무척이나 바빴을 거야. 본사에서 오는 배송 차들이 거의 제 시각에 도착하지만, 이따금 늦어지는 날에는 정신없이 돌아도 지각을 면하기 어려운 일이지. 두 시간 일을 하는 대가로 한 달에 50만 원을 주는 나도 받는 그대도 서로가 덜 미안하고 떳떳했지.

졸업 후에도 전공에 맞는 직장을 찾지 못하고 3년을 더 같은 일을 했지. 그러니까 7년을 나와 함께 일을 한 거지. 큰 욕심을 낼 수도 없고 내서도 안 되는 아주 작은 사업체였지만, 나는 그대가 나의 일을 가업으로 물려받았으면 좋겠다고 생각을 했지. 그러나 그것은 꿈이었어. 어느 날 참치를 배워보겠다고 했을 때 이제 서로 각자의 길을 갈 때가 되었다고 무덤덤하게 받아들였지. 급변하는 물류 환경으로 자고 나면 거래처가 하나씩 사라지고 몸은 더 바빠지는데 수익은 점점 줄어드는 내리막길에 접어들었다는 데 묵시적으로 동의한 것 같아. 혼자 먹기엔 많고 둘이 먹기엔 작은 파이 같은 상황에 그대도 아주 괴로웠을 거야. 내일이라는 이름의 희망 고문이라도 있으면 좋을 텐데 길이 보이지 않았을 테니까 말이야.

빵 일을 그만둔 지 채 두 달도 되지 않았는데 카톡으로 사진 한 장이 배달되어 왔지. 회칼에 새겨진 너무나도 선명한 그대 이름 김대산. 함께 운동을 하는 인연으로 맺은 횟집 사장이 열심히 해 보라고 선물한 것일 테지. 그런데 그 칼이 그렇게 따뜻하게 느껴지는 거야. 뭐랄까…, 엷은 희망의 등댓불 같은 약간의 안도감이었을 거야. 사실은 나의 노후보다 더 그대의 내일이 걱정스러웠거든. 울뚝불뚝한 성격에 보편적이지 못한 신체 조건과 이렇다 할 스펙도 없으니 살아갈 날이 한창인 그대가 명치끝에 체증처럼 자리하고 있었던 거지. 생활 패턴이 완전히 달라지고 육체적으로는 힘이야 들겠지만, 요리에 취미도 있고 관심이 많았으니 잘할 수 있겠구나, 하는 생각이 들었어. 강을 건너보지도 않고 지레짐작으로 그 깊이를 두려워하는 것은 참으로 어리석은 일이야. 오포에 칠포도 모자라 올(All)포(抛)로 좌절하는 이 땅의 젊은이들을 보면 마음이 너무 아파!

내가 지금도 하루하루를 열심히 살며 다리에 힘 있을 때까지 일을 하려는 이유는 단 한 가지, 그대에게 부담이 되지 않으려는 것이지. 장남으로서 수입보다 지출이 많았던 길을 그대는 걷지 않게 하려는 것이야. 물려줄 것은 없어도 최소한 손 벌리는 일을 하지 않으려는 것이지. 그러니까 그대는 그대의 집을 지으면 되는 거야. 물론 멀리 내다보고 그린 그림으로 구덩이도 파야 하고 무거운 바윗돌을 치워야 하는 어려움도 있을 테지만 조그맣게 꽃밭 만들고 유실수도 심어야지. 그렇게 하리라 믿어! 그런 그대를 끝까지 응원해 줄게! 그리고 나도 큰소리로 이름 좀 불러 보자꾸나! '며늘아기'와 눈에 넣어도 아프지 않다는 손자 이름들. 다문화면 어떠냐? 띠동갑이면 또 어떠냐? 호화찬란하게 치러야만 결혼식이냐? 백사장 쓸고 닦고 청바지에 티 하나 걸치고 하객은 갈매기 몇 쌍에 축가는 파도에게 부탁하고 주례사는 생략하고…. 신혼살림을 꼭 궁궐 같은 곳에서 하라는 법도 없는데 기죽을 일 뭐 있겠느냐? 나라를 위해서도 선택이 아닌 필수 아니겠는가? 꿈도 우연도 준비된 사람에게 주어지는 보상이니 늘 깨어 있으며 부딪치는 사람이든 시간이든 모두 허투루 생각하는 일 없기를 바란다. 그대를 참 많이 사랑하는 아버지가!!

그대 이름은 디 에스
- 따뜻한 칼

사람 같은 사람다운, 집 한 칸은 꿈이어도
알콩달콩 내일을 낳을 반려자는 환상이어도
체념은 최후의 성찬, 벼린 끝의 날은 있다

녹(祿) 아니면 어떠냐, 펜대 아니면 어떠냐
굽고 느린 길 구별 말고 생각을 다스린다면
기어이 큰 산이 되리니 네가 바로 표상이다

마당

'죽기 전에 내 명의로 된 땅 한 평 가질 수 있을까?'
또 하루를 살아 내고 퇴근하던 태양이 산마루 주점에 주저앉는다. 막걸리 몇 잔에 허기를 채우고는 불콰해진 얼굴로 부지런히 귀가를 서두른다. 알 수 없는 너머 세상에서 씩씩하게 달려와 늘 서녘으로 넘어가는 그의 등이 쓸쓸하다. 가난했던 젊은 날의 내 그림자를 보는 것 같다.

마당 한쪽 평상에 앉아 노을을 바라보는데 저녁을 먹자고 아내가 부른다. 엉덩이를 털며 일어나 작은 텃밭으로 간다. 고추 일곱 포기, 가지 다섯 포기, 상추 열 포기, 대파와 들깨 한 고랑씩을 뺀 나머지는 번식력이 최고로 왕성한 부추가 다 차지하고 있다. 스스로 텃밭의 울타리가 된 아이리스와 원추리 사이를 지나 풋고추 몇 개를 따서 주방으로 향하는데 고추는 하나도 없는 고만고만한 다섯 마리 강아지가 졸졸 뒤를 따른다. 전생에 많은 덕을 쌓았는지 목줄에 묶이지 않고 사는 것만으로도 참 행복한 아이들이라는 생각이 든다.

마당은 또 하나의 작은 우주이다. 개미, 쥐며느리, 그리마 같은 크고 작은 동물들이 생존을 위해 치열한 경쟁을 하고 온갖 꽃과 채소와 바위 같은 무생물도 모두 저마다의 의미를 간직한 채 제자리를 지키고 있다. 싹이 트고 잎이 나고 열매를 맺으며 그 사이사이에서 분주한 벌과 여유로운 나비와 새들은 노래를 부른다. 맑은 날과 궂은날, 바람 부는 날처럼 마당은 계절이나 기후에 따라서 모습을 달리하며 구성원의 형편에 맞게 시시각각으로 변한다. 상황에 따라 달라지는 사람의 얼굴같이.

서울 생활은 아무리 발버둥을 쳐도 좀처럼 형편이 나아지지 않았다. 아니 나아질 수가 없다는 것을 깨닫기까지 꽤 오랜 시간이 걸렸다. 반지하 단칸셋방의 곰팡내도 여름엔 덥고 겨울엔 추운 옥탑방에서도 꿈이 있기에 견딜 수 있었지만, 기울어진 운동장 출신이 정상 궤도에 오르기 힘들다는 것을 받아들인 뒤로 몸은 점점 지쳐 갔으며 정신은 피폐해졌다. 돈이 흐르는 마당이 달랐고 어울리는 마당이 달랐으며, 바탕에 깊고 낮게 흐르는 생각마저 달랐다.

패잔병처럼 낙향했지만 고향이라고 금방 나를 안아주지는 않았다. 물가는 서울보다 비쌌고 일자리는 구하기 어려웠다. 오죽하면 오징어 배를 타려고 했을까, 우여곡절 끝에 식품 대리점을 인수하기까지 나의 마당은 금방 만들어지지 않았다. 마당 한 평을 위해 잠자는 시간을 줄이며 정말 열심히 발품을 팔았다. 초등학교가 코앞에 있고 바로 옆 건물이 호프집이었던 장터에서 조금 더 산이 가까운 외곽으로 이사한 지 9년째이다. 보고 먹고 노는 마당을 통째로 옮긴 것이다. 여러 가지 이유가 있었지만, 3층 건물을 팔아 은행 빚을 청산한 뒤에 넓고 조용한 곳에서 사는 게 가장 큰 이유였다. 원래 계획은 6차선 대로변에 1층은 사무실 겸 창고를 짓고 2층에 가정집과 하늘이 보이는 서재 한 칸 만드는 것이었다. 누워서도 별이 보이는 유리로 만든 지붕 아래서 밤하늘을 유영하는 꿈, 그 꿈은 실현되지 않았다. 사무실 뒤 이면도로 곁에 기가 막힌 집 하나가 아내의 눈을 붙들었고 느닷없이 계획은 바뀌었다. 사무실은 1층만 지었고 다시 약간의 빚을 얻어 약 430㎡(130평)의

궁전 같은 시골집 주인이 되었다. 처음 집을 보러 갔을 때 주인이 신을 모시는 보살님이라서 키 높은 장대가 대문 곁에 서 있었지만, 아무렇지도 않았다. 기암괴석으로 둘러싸인 작은 연못이 일단 마음에 쏙 들었고 거실에 앉아 이야기를 나누는 데 아주 오래 들락거린 집처럼 그리 편안할 수가 없었다.

이사하고 이듬해 최장 적설 기간을 103년 만에 갈아치우고 누적 적설량이 1m가 넘는 폭설 사태를 맞았다. 간신히 사람 몸 하나 다닐 수 있는 통로를 낼 뿐 눈을 치우려 해도 어디로 치울 데가 없는 그야말로 눈 폭탄이 쏟아졌다. 지붕 위에 올라가서 몇 삽 퍼 내리지 않았는데 지붕과 마당이 맞닿을 정도였다. 축축한 눈이라 결국 그 무게를 감당하지 못하고 슬레이트 지붕은 주저앉고 말았다. 마당이 사라졌지만, 개들에는 새로운 놀이터가 되었다. 늘 꿈만 꾸던 담장 밖의 세상을 마음껏 신나게 드나들었다.

북한의 장마당처럼 마당은 넓은 의미에서 종합시장이다. 축구 선수에겐 운동장이 마당이고 가수나 배우에겐 무대가 마당이듯 마당은 실존 공간이며 삶의 터전이다. 주위를 돌아보면 사라져 가는 마당도 적지 않다. 사람들이 모두 떠나서 발걸음 소리를 들을 수 없는 폐교가 그렇고 침식 현상으로 좁아지는 백사장도, 체육관을 짓거나 주차장을 넓히기 위해 줄어드는 운동장도 그러하다. 기계와 컴퓨터가 빼앗아 간 일자리 역시 중요한 마당이다. 생각해 보면 내일로 갈수록 커지는 일보다 작아지는 일만 남은 게 마당의 현실이다. 마당은 영원이라는 희망이 적용되지 않는다. 그러나 존재하던 마당이 사라지면 또 다른 마당이 생겨날 것이다.

비록 아내의 명의지만 도시에서 별을 세며 이를 갈던 청년의 꿈은 이루어졌다. 이제부터는 그토록 갈구하던 나의 마당을 잘 가꾸는 일만 남았다. 겉과 속을 똑같이 아우르며 스스로 몸을 낮춰 물길이 되거나 물웅덩이가 되어야 한다. 사람으로서, 부모로서, 남편으로서 지켜야 할 도리와 의무를 다하고 지팡이가 필요할 때쯤 마당을 말끔히 비워야 한다. 새로운 꿈을 꾸는 다음 세대를 위하여!

꿈 한 칸, 생각 두 줄

사내가 집을 짓는다
재료는 바람 한 줄

작은 꽃밭 만들어 놓고
벽마다 꿀을 바른다

언제든 찾아오라고
누구든 쉬어가라고

생각에 날개를 단다
어디든 갈 수 있게

바닥엔 바퀴를 달고
서재에 엔진을 얹고

지붕은 유리로 덮어
별과 함께 누울 수 있게

파도를 넘다

 청년도 노인도 아니며 별 없는 별밤에도 별을 닦는 그대여!
 '임자 없고 자리 넉넉한… 별들 아직 많을 테니, 데리러 올 수 없게, 훌쩍 따라갈 수 없게 길마다 돌담을 쌓고 신마다 풀칠을 하오!'
 좋은 세상 오래도록 살다 가자고 그리 빌어 주었는데 암과 사투를 벌이던 소띠 동창생 친구 둘이 환갑을 넘기지 못하고 결국은 별이 되고 말았다. 앞서간 친구들이 벌써 여럿이다. 함께 놀자고 달라붙은 시커먼 죽음의 그림자는 한 번 물색한 상대를 물고 징글맞은 찰거머리처럼 쉬이 놓아주지 않는다.
 '이순이라는 역을 지나면 또 다른 풍경이 펼쳐질 테지?'
 '종착지인 무지개역까지는 한참을 더 가야 할 거야.'
 '진달래를 만나고 소낙비를 맞으며 코스모스에 인사도 받으며 하얀 눈이 펑펑 쏟아지는 고희 역이라는 간이역도 지나겠지.'
 '꿈을 가득 실은 기차는 그렇게 쉬지 않고 달릴 거야.'
 '도중에 내리는 사람 없기를 나는 기도하고 있을 테지.'
 돌아보면 분명한 것은 물길처럼 돌아온 날들보다 바람 따라 떠날 날이 더 가깝다는 것이다. 온 만큼 더 간다면 128세가 된다. 아무리 생명 연장의 과학과 의술이 발달한다고 해도 불가능한 일일 터, 반환점을 한참이나 지나 결승선이 머지않다는 생각에 이르면 일순간 온몸에 소름이 돋는다. 22대 국회의원 평균 연령이 56.3세인 것을 고려하면 이순을 넘긴 나이가 결코 적은 것도 아니다. 그러나 '인생은 70부터'라는 말이 있듯이 아직은 한창인 나이이기도 하다.

가슴에 열이 넘쳐서 넓고 푸른 운동장에서 축구를 하는 것이 낙 중에서 가장 큰 낙이다. 서른 후반에 접어든 아들의 친구나 후배들과 함께 거친 호흡으로 몸과 몸을 부딪치며 먹잇감을 노리는 정글 속의 맹수처럼 공을 쫓아 따라다니다 보면 굵게 떨어지는 땀방울에서 무한한 희열을 느낀다. 멋진 패스와 감각적인 골 하나에 어깨가 으쓱 올라가고 아직도 썩지는 않았다며 스스로 위로받는 시간이기도 하다.

요즘 가장 큰 고민거리는 불확실한 내일과 불안한 노년이다. 입은 닫고 지갑을 열어야 할 나이가 되었을 때 가진 게 하나도 없는 노후를 생각하면 빛 한줄기 보이지 않는 긴 동굴 속이다. 이리 뺏기고 저리 새고 50년 노동의 보람은 그 어디에도 남아 있지 않다. 교직에 있었거나 국가 공무원으로 은퇴한 친구들은 그나마 다행이지만, 허울만 좋은 자영업 사장이나 하루하루를 살아 내기에도 벅찬 일용직, 기간제, 비정규직 근로자들에게 노후 설계란 한마디로 가을하늘의 뜬구름이다. 편의점, 치킨집, 커피숍 등 한 집 건너고 두 집 건너면 모두 만날 수 있는 가게들이다. 질 좋은 일자리를 구하지 못하고 치열한 경쟁으로 내몰린 자영업자 비중이 세계 최고 수준이다 보니 하루가 멀다고 바뀌는 간판을 보노라면 두려움에 소름이 돋는다.

예순 살을 달리 이르는 이순(耳順)은 『논어』 「위정편(爲政篇)」에서, 공자가 예순 살부터는 생각하는 것이 원만하여 어떤 일을 들으면 곧 이해가 된다고 한 데서 나온 말이다. 입은 자타가 공인하는 전투형인데 그러면 귀는 순해졌는가? 물려받은 것 하나 없이 몸뚱이 하나로 생을 일구다 여전히 바다라는 거친 밭에 주름이 자글자글한 모습으로 서 있는 나를 발견한다. 며느리도 딸도 없이 하나뿐인 아들에게 무얼 바란다는 것은 바보 같은 짓임을 잘 알고 있다. 그래서 수입이 떨어지고 병이라도 들었을 때 대처할 수 있는 묘책 하나는 간직하고 있어야 한다.

주변의 꽤 많은 지인이 늘어놓는 푸념 중 가장 많은 것은 부모 자식 간의 돈 문제이다. 밑 빠진 항아리처럼 끝이 보이지 않고, 복날 아이스크림처럼 야금야금 줄어드는 재산, 이번이 마지막이라는 말을 수도 없이 했을 텐데 희망이 절벽이라는.

다 퍼 주고 파지나 빈 술병 주우러 다닐 때 어떤 표정을 지을까? 그러지 않아도 될 형편이었는데 아파트 경비원을 하는 지인과 배달 아르바이트를 하는 형수를 본 적 있다. 동병상련의 짠한 마음이 들다가 슬그머니 부아가 치민다.

눈물과 피와 땀을 강요하는 이순의 바다에는 바람이 널을 뛴다. 무슨 사연이 그리도 많은지 파도는 하루도 거르지 않고 맹수처럼 달려든다. 그러나 이제껏 그래왔듯이 또 살아 내야 한다. 바다에서 태어나 바다로 돌아갈 운명이니까, 바다에 순응해야 한다. 높낮이가 다른 파도 위에서 온전히 즐길 줄 알아야 한다. 태양은 바다에서 떠오른다.

별 없는 별밤에도 별을 닦는 그대여

그림자 앞세우고 산으로 간 그대여
눈물 훔쳐 먹고 사는 부처님도 하느님도
마음은 딴 데 있는지 기도 끝은 늘 고요해

홑이불 같은 이파리들 찰랑대는 숲에 앉아
옷 벗는 나무들과 새와 물의 길을 읽는
아직은 향기로운 들숨, 열꽃으로 피는구려

난들 뭘 할 수 있겠소, 그대인들 어쩌겠소
너무 작아지지 마오 억울해하지도 마오
누구도 막을 수 없는 화살, 더 아프게 빼지 마오

임자 없고 자리 넉넉한 별들 아직 많을 테니
데리러 올 수 없게 훌쩍 따라갈 수 없게
길마다 돌담을 쌓고 신마다 풀칠을 하오

* 아내를 먼저 떠나보내고도 참 씩씩했는데, 덩치가 커서인가
  간에 암 덩어리가 18cm라니, 다른 부위로 전이까지 되었다니….
  숲속 치유 센터로 간 친구에게 할 수 있는 게 하나도 없구나!
  단전에 힘을 주며 버티라고 악을 쓰는 일뿐.

아이야, 네가 어른이 되기 전까지는

　강원도 화천군 붕어섬의 '월엽편주' 위에 눈빛은 솜사탕을 바라보는 아이들 같고 소곤거리는 말소리가 달고 부드러운 봄바람 같은 남남북녀 여러 쌍이 데이트를 즐기고 있다. 파로호를 가로지르는 '물빛누리호'에는 전국에서 모인 팔도 사투리 감탄사가 연신 터져 나온다. '얼음보숭이'도 아이스크림도 '곽밥'도 도시락도 '가락지빵'도 도넛도 '꼬부랑국수'도 라면도

　바람개비를 든 아이와 풍선을 든 아이가 군데군데 흔적만 남은 DMZ의 긴 산책로를 따라 뛰어간다. 머리 위로는 북으로 달리는 기차가 한가로운 기적을 울리고 남으로 달리는 고속버스 차창으로 흔들어대는 손이 정겹다. 한반도 깃발을 꽂고 대열을 이루며 한 무더기씩 자전거가 지나는 길섶에는 온갖 꽃들이 차례차례 목례를 한다. 한없이 행복한 모습에 바라보는 사람마저 괜히 즐겁다.

　지금 당장은 머릿속으로 그리는 그림이지만, 언젠가는 실제로 그럴 날 있을 거라는 맛있는 상상이다. 그러나 현실은 여전히 냉혹한 한겨울이다. 계산기를 두드리며 손익 계산을 하는 열강들 틈에 끼어 지구상에 남은 마지막 분단국가, 한반도의 허리는 철조망으로 친친 감겨 여전히 신음을 토해내고 있다. 잦은 외부의 침략으로 안 그래도 눈물마를 날 없었던 민족인데 21세기 글로벌 세계를 살면서 낡은 이념에 이산가족이라니, 명치끝에 체증 같은 울분이 바윗돌처럼 무겁다. '한

맺힘'이라는 꼬리표를 떼고 전쟁과 핵이라는 무시무시한 위협에서 벗어나 한반도에도 정녕 봄이 올 수 있을까, 철마도 사람도 새털구름처럼 녹슨 철책을 건너 자유롭게 왕래할 수 있는 날은 오기나 하는 걸까.

 동서 길이 248㎞, 남북으로 각각 2㎞의 너비는 일흔이 다 된 초로의 백발이자 깊은 주름이다. 한의 거리요, 눈물의 폭이다. DMZ는 전쟁이 낳은 불행한 사생아이며 인연과 인연의 고리를 끊어놓고 남의 고통을 즐기는 악마의 잇몸이다. 2018년 5, 6월은 얼었다가 녹기를 반복하는 군사분계선에 역사적인 대형 사건들이 연거푸 일어났다. 칼바람과 햇살이 한꺼번에 내려앉던 판문점에서 남북한 정상들이 두 번씩이나 테이블에 마주 앉아 대화를 나누고 한라와 백두의 살을 비비고 한강과 대동강의 피를 섞어 '봄'이라는 나무를 심었다. 상상도 할 수 없었던 북미 정상회담도 우여곡절 끝에 싱가포르에서 열렸다. 개성공단을 시작으로 좋은 일만 있을 거라는 기대가 너무 컸을까, 지지부진한 절망의 터널은 도무지 끝이 보이지도 않는다.

 아이야, 어쩌면 좋으니? 우리가 못다 푼 숙제를 너희에게 맡겨야 한다니 가슴이 그저 먹먹하기만 하구나! 너희가 어른이 되기 전까지는 부디 통일이 되어 남과 북도 아니고 너와 나도 아닌 한반도가 되었으면 좋겠는데…. 우리가 하나 되는 일을 대놓고 반대하는 가장 큰 이유는 '통일 코리아'가 두렵기 때문일 거야. 머리 좋고 근면하고, 한다면 하는 우수한 민족성이 입증된 나라잖니? 시간이 좀 더 흐르면 환경도 바뀌고 세상이 달라질 테지. 그때까지 너희들은 열심히 힘을 길러야 해! 우리끼리 하는 일에 콩 놔라, 밤 놔라 간섭받는 설움에서 벗어나려면 각자 맡은 역할에 최선을 다하고 세상을 넓게 바르게 바라볼 줄 알아야 해!

하늘을 향해 쏘아라

너희가 하면 평화고
내가 쏘면 도발인가

어차피 저 우주는 등기 없는 무인도
너라도 견제를 털고
실패해도 좋을 도전

사람을 향하지 말고 창공을 점령하라
지금보다 만 배나 큰
하나 된 한반도에

별빛이 재잘거리는
천상 낙원
꿈꾸며

휴전선 수비대

군인 아저씨 대신해 대나무를 심는 거야
바람만 드나들게 빽빽이 키운 다음
앞줄 반, 머리 꼭대기엔 CCTV를 매달고

뒷줄은 모래주머니 묶어 고무줄로 엮는 거지
팽팽한 휴전선에 이상한 낌새 보이면
활처럼 고무줄 놓아 모래 폭탄 날리는 거지

걸음 빠른 호박을 북쪽 향해 심는 거야
노루만 드나들게 촘촘히 키운 다음
앞줄 반, 열 손가락엔 열감지기 붙이고

뒷줄은 호박 속을 파내 강력 접착제 담는 거지
고요한 분계선에 수상한 그림자 보이면
덫처럼 입을 벌리고 발목을 꽉 죄는 거지

마음 한 장, 생각 한 겹

고의든 미필적고의든 남에게 피해를 주었으면 죄송하다고 머리를 조아려야 당연한 일 아닌가? 구석구석 온 국민의 가슴을 마구 짓밟아 놓고 그 끝을 알 수 없는 새까만 수렁으로 밀어 자빠트린 당사자들의 고개가 너무 빳빳하다. 죄 없음을 항변하는 모습에서는 자괴감마저 드는 것이다. 작든 크든 그 조직의 우두머리는 결과에 대한 책임을 질 줄 알아야 한다. 그래야만 그 조직이 영원히 살 수 있다. 정치판도 문학판도 마찬가지이다.

마음과 생각은 눈에 보이지 않는다. 그러나 찬찬히 살펴보면 아주 조금은 읽을 수 있다. 볼 수 없는 바람이지만, 찰랑거리는 물결이나 살랑대는 나뭇잎을 보면 바람이 지나는 것을 알 수 있듯이 말이다. 아무리 화장으로 꾸미고 거짓으로 숨긴다 해도 그 사람의 마음과 생각은 말과 글을 통해서도 알 수 있고 행동을 통해서는 더 잘 읽을 수 있다. (좋은) 생각을 많이 하면 (나쁜) 행동을 적게 하게 된다.

끼리끼리 선을 긋고 끼리끼리 나누어 먹느라 눈빛은 욕심으로 가득하고 '카더라' 하는 귓속말 좋아하는 입술은 늘 침으로 젖어 있으며 진실보다 사심을 위해 분주한 걸음은 그때그때 이해관계에 따라 다르다. 그러나 정작으로 생각은 깊고 마음이 어진 사람은 깊게 흐르는 강물처럼 고요하다. 세상을 바꾸겠다고 소리를 지르지 않는다. 다만, 자신의 마음과 생각을 가꾸는 데 열중하는 것이다. 마음을 다스리는 자가 천하를 다스린다고 했던가. 나부터 스스로 지은 마음의 감옥을 부수고 생각에 생각의 거미줄을 걷어내고 주먹을 펴야겠다. 그래야 누군가 애타게 청하는 악수를 받아주지 않겠는가. 마음 한 장, 생각 한 겹을 모아 행복 한 단을 만들기 위해 좀 더 말을 줄이고 행동을 좁혀야겠다.

상왕上王 십 리 전철前轍 끊기

아찔한 레일 위를
전철 다시 타고 오는

꼬리 아홉 연막 건너
갈앉은 역사 몇 칸

얄밉다, 측은하다가
이미 모두 접은 인연

세월은 구르는데
사람은 닦이지 않아

창틀의 먼지 같고
양파 닮고 연필심 같은

본성 다 꿰고 있는데
저만 홀로 약은 소인

산비둘기도 직박구리도 빵을 좋아한다

　우리 집에는 참 많은 생명이 함께 호흡하며 살아간다. 유기견을 포함해서 견공이 여덟 마리, 하숙집으로 아는지 아프거나 졸리거나 배고플 때만 들어오는 고양이 한 마리, 온종일 들락거리며 조잘대고 노래하는 셀 수도 없는 참새들, 직박구리, 까치 몇 마리. 미니 연못 안에는 수련과 부레옥잠, 금붕어, 미꾸라지, 다슬기, 봄에 비천골에서 알을 조금 건져다 놓았는데 건강하게 부화한 개구리 몇 마리. 살구, 자두, 대추, 감(대봉, 단감 두 그루), 사과, 매실(홍, 청), 포도, 무화과나무에 주목, 엄나무, 오가피, 치자, 연리지처럼 얽혀 있는 꽃사과와 단풍, 7년생인 소나무와 은행나무. 박, 호박, 오이, 가지, 고추, 부추, 상추, 쑥갓, 대파, 아주까리, 당귀, 천리향, 박태기, 유카, 천상의 나팔, 메꽃, 채송화, 매발톱, 붓꽃, 사랑초, 벤저민, 나리꽃, 게발선인장, 군자란, 자주달개비, 샤프란, 알로카시아, 안투리움, 칼라크로톤, 아레카야자, 인삼팬다, 황금죽, 봉숭아. 벌, 나비, 잠자리, 거미, 파리, 모기, 개미, 쥐며느리, 그리마(돈벌레), 어느 것이 이롭고 어떤 것이 해로운지 모를 작은 벌레들…….
　모두 눈과 입이 있고 귀가 있고 가슴도 있고, 살아 있는 것이다. 모두가 빛과 별이 필요하고 적당한 물과 공기가 있어야 한다. 미필적고의에 의한 죽음을 맞이할 수도 있고 약육강식의 먹이사슬과 대자연의 섭리에 따라 찰나에 사라질 수도 있다. 그리하여 작은 우주 하나를 이루고 늘 분주한 마당이 사랑스럽다. 좁은 땅덩어리 안에서 부대끼며 살아가는 대한민국을 닮아 더 살갑다.

　대리점 뒤편에 작아도 열 일하는 텃밭이 있다. 해마다 올라오는 살구와 머위, 가지, 호박 등으로 이웃과 나누어 먹을 정도로 아주 고마운 장소이다. 사무실에서 아침과 점심을 먹기에 처음에는 구덩이를 파고 음식물 찌꺼기를 버렸지만, 남아나는 게 없었다. 고양이가 다녀가고 나머지는 새들이 모조리 해치우기 때문이다. 빵보다 책이 더 많은 사무실이지만, 유통기한 지난 빵은 늘 넘친다. 여기저기 나눠주고 토종닭 키우는 친구도 가져가고 그냥 버려지는 빵은 하나도 없다. 아침 식사 마칠 무렵이면 살구나무 가지에 빈틈이 없다. 빵 주는 시각에 맞춰 온 직박구리들이다. 참새들은 울타리에서 순서를 기다린다. 몇 며칠 내린 눈으로 먹을 게 없었을 테니 창문을 두드리는 녀석들까지 생겨났다. 빵을 향해 달려드는 모습으로 배가 아주 고팠다는 것을 알 수 있다. 몇 봉지 빵은 요즘 말로 순삭이다. 빵을 더 달라고 항의를 하는 건지, 함께 먹자고 친구들을 부르는지 떠나지 않고 한참 동안 소리를 질러댄다.

　참새는 쉬지 않고 일 년 내내 달려오지만, 꽃이 피기 시작하고 까치밥이 사라질 때까지 직박구리는 잘 오지 않는다. 어쩌면 오지 않는 게 고마운 일이다.

　빵 아니어도 먹을 게 많다는 뜻일 테니까. 요즘 경기가 좋지 않다고 한다.

　춥고 배고픈 사람들 없기를 바라는 마음 간절하다.

겨울 참새

내가
줄 수 있는 건

먹다 남긴 빵 한 조각뿐

너는
노랫가락 촉촉하게 풀어놓고

겨울 강
함께 건너며

봄
꿈꾸는
길동무

문

　대한민국은 문을 중요시하는 나라이다. 어느 가문의 핏줄로 어느 땅에서 태어나 학교는 어디를 나와 어느 문을 여닫으며 지냈는지 등의 요소가 인생의 성공을 좌우하는 커다란 지표가 된다. 문학판도 마찬가지이다. 전국 모임에 가 보면 어느 지면으로 등단했는지 질문하는 사람이 많다. 국어국문학을 전공한 것도 아니고 엘리트 코스를 밟은 게 아니어서 첫 단추를 잘못 끼웠다는 자괴감에 많은 날을 괴로워하다 장르를 바꾸고 그나마 조금 이름이 난 곳으로 재등단을 감행했다. 거의 모든 신문사가 신춘문예라는 일회용 이벤트를 매년 같은 시기 한꺼번에 시행하고 월간, 격월간, 계간, 반년간, 연간 등 단 한 번으로 시인이나 작가라는 명함을 주는 곳이 셀 수도 없이 많다. 글쓰기를 좋아하고 마음만 먹는다면 무릉계곡의 '하늘문'에 드는 것보다 훨씬 넓고 쉬운 게 등단이라는 문이다.

　동해문인협회 회장일 때 제1회 시민과 함께하는 시화전 원고 모집을 위해 글을 쓸만한 지인들에게 연락을 취하던 중에 몇 분의 등단자가 계신다는 것을 알고 무척 놀랐다. 일류든 삼류든 어느 문으로 얼굴을 내밀었든지 간에 등단은 등단이다. 문제는 그다음이라고 생각한다. 남의 좋은 작품 많이 읽고 열심히 더 배우며 밤을 이고 살면서 '나'를 발전시킨다면 그 문은 그냥 문인 것이다. 그 몇 분 중의 문학 사이트에

가 보니 '재등단'은 의미가 없는 일로 하지 말라고 선동하고 있었다. 사물이나 형상을 한 번 더 깊게 보고, '나'를 돌아보게 하는 작업인데 대한민국 모든 국민이 시인이고 작가면 어떤가. 그러나 너무 쉽게 받은 '증'으로 치열한 작가 정신과 고민 없이 쓴 작품이 부끄럽고, 행동거지마저 형편없다면 나온 문으로 다시 들어가야 한다. 낯 뜨거운 '증'을 태워버려야 한다. 나는 아직도 열어젖히고 싶은 문이 여러 개 있다. 하나라도 제대로 하라는 소리를 들을지언정 도전은 멈추지 않고 계속 이어질 것이다. 두드리라고 존재하는 게 문이고 밀거나 당겨야만 답을 하는 문이니까.

넘치는 강

큰 교회 주보처럼 연등 꼬리표처럼
연회비 발전 기금 응원 보태 얹으라고
글 마당 솟을대문에 납세 증명 빼곡하다

신인상 열 서넛에 이 방 저 상 문 넓히고
등단 장수 출판사나 협회나 기관이나
신도 수 확 늘어나면 기도처도 커질 테지

꿈나무에 푸는 배려 아까운 일 아니지만
넘쳐서 좋은 건지 헤퍼서 가벼울지
누구나 손만 적시면 '증'을 사는 얕은 강

감또개

 아직도 물음이 참 많이 남았는데 어느새 환갑이 한참이나 지나갔다. 처음 맞이해 보는 60대라서 괜스레 마음만 분주하다. 청춘 극장 제2막의 주인공으로 살기 위해 세심한 점검이 필요한 시간이다. 여전히 '나'를 찾지 못했으므로 하루속히 '나'를 찾아야만 한다. 그러기 위해서는 억지로라도 물멍, 불멍, 꽃멍에 많은 시간을 투자해야 한다. 고요 안에 드는 법은 그리 쉬운 길이 아니어서 기어이 답을 얻지 못하고 눈을 감을 수도 있다.

 서른아홉에 먼저 떠난 막냇동생도 간신히 여든을 채우고 가신 어머니도 춥다거나 아프다거나 잘 지낸다는 소식은 한 장도 없다. 낮은 곳에서 키 작은 꽃으로 살다가 시들지 않는 조화 몇 송이 가슴에 안고 잠만 자는 작은 유리 상자는 과거와 미래가 공존하는 공간이다. 살아 낸 시간의 얼룩진 필름이 돌아가고 4차원으로 연결된 통로에는 기력 없이 널브러진 내가 보인다. 길어야 고작 100년인데 너나없이 욕심은 영원을 뛰어넘는다.

 글 값은 고사하고 지면 값을 요구하는 문학판에서 어쭙잖은 필력으로 발을 빼지 못하는 내가 불쌍하고 시고 단 줄줄이 사탕으로 완장 하나 차지해서 사람 위에 군림하려는 뱃살들이 가엾다. 언제 어떻게 별이 될지 먼지가 될지 모르는데 사람들은 뒤돌아보는 것에 인색하다. 어쩌면 우리가 찾는 모범 답안은 디디며 건너온 발자국에 있을지 모른다. 오지 않을 수도 있는 내일에 우린 너무 많은 것을 걸고 있다. 다시 두 손을 모은다. 다만, 오늘 하루 깃털이 되도록 하소서!

감또개

"기찻길 곁도 아닌데 밤 지나면 꽃이 달려!"
열한 알을 풀에 붙여 안고 업고 움켜쥐고
여섯은 앞서 보내고도 잇몸으로 버틴 날들

"피고 지는 날이 다를 뿐, 사람은 모두 꽃이다"
심술 많은 파도 앞에 맞설 때나 흔들릴 때나
불의에 먹히지 말라며 등을 쓰는 거친 손

"좀 있으면 썩을 텐데 임플란트가 다 뭐냐!"
틀니 끼운 그 자리 바람 우는 빈자리
마지막 화장을 마치고 입술 여민 미소 자리

술을 찾는 그대에게

　요즈음 술 냄새가 너무 심해서 몇 자 올림.
　언제나 청춘이 아니어서 술엔 장사가 없고 탈수증 마비, 뇌졸중 등등 건강 문제뿐 아니라 숙취 운전도 음주 운전과 똑같이 처벌을 받음으로 자칫 단속에 걸리거나 사고라도 나면 경제적 손실은 감당하기 어려울 것임. 나름대로 속사정이야 있을 테지만, 몸을 많이 움직이고 괴롭혀서 술 없이도 잠을 잘 수 있도록 노력하고 술로 세상을 이긴다는 생각은 하지 않기를. 수분 섭취를 많이 하고 특히 이온 음료를 많이 마실 것. 유경험자 선배로서 하는 말이니 참고했으면 좋겠음.
　새벽마다 얼굴을 대하는 빵 배송 기사에게 보낸 문자이다. 나 역시 잠을 자기 위해 배운 것이 술이기에 어떤 사정의 유무를 떠나 충분히 이해할 수 있다. 그러나 음주 운전이든 숙취 운전이든 관용은 없다. 자칫하면 자기만 다치는 게 아니라 남의 인생을 송두리째 빼앗아 가는 일일 수도 있기 때문이다.
　술로 세월을 사는 사람을 여럿 보았다. 마트를 함께 운영할 때 새벽에 문을 열자마자 술 냄새가 진동을 하는데도 술을 사 가는 아주머니, 노을이 앉을 무렵이면 어김없이 다시 한 병을 들고 갔다. 간암을 선고받은 선배 한 사람은 제발 좀 모르는 척해 달라고 애원하다시피 하며 안주도 없이 한 병을 들이켜고 갔다. 얼마 못 가서 아주머니 얼굴은 볼 수 없었고 선배는 술 없는 하늘 나라로 떠났다.

　기쁜 날 좋은 사람들과 함께하는 데 술이 빠질 수 있는가, 힘든 하루를 마치고 퇴근하는 길에 가벼이 한잔하는 행복감을 무엇과 견줄 수 있겠는가? 하지만, 술이 술을 마시거나 술이 사람을 먹는 일은 없어야 한다. 주자십회훈 중에 취중망언성후회(醉中妄言醒後悔)가 담긴 걸 보면 술은 오래전부터 두 개의 얼굴을 지닌 게 분명하다. 술 앞에 자세를 낮추되 노예가 되지는 말지어다.

축축한 불금 不禁

축축한 날
해물 툭탁

파전 몇 장
엎어뜨리고

불금(不禁)에
눈힘 풀어

주님 몇 분
멱을 잡는다

경배(傾杯)에
갑의 값으로

토를 달 이
누구신가?!

곰칫국과 사이시옷

지난가을에 여섯 분의 대구 인근 문인들이 방문했다. 무릉계곡에서 하룻밤을 묵고 이튿날 점심은 집에서 대접하기로 했다.

마당에 큰 솥을 걸고, 장작불을 지핀다. 장터 단골집에 미리 주문한 곰치와 3년 곰삭은 묵은지를 정성스레 푹 끓여 상을 차리면 참으로 맛있게 드신다.

"전국을 돌아다녀도 이렇게 맛있는 곰칫국은 처음입니다."

"이 정도면 한 그릇에 3만 원 해도 사 먹겠습니다."

칭찬이 이어지고 네 분은 두 대접, 두 분은 세 대접을 드신다.

금치로 귀하신 몸이 되어 가격이 만만치 않고 준비하고 치우는 일이 간단하지 않아도 번갈아 오시는 손님들이 모두 좋아하시니 덩달아 즐겁다.

작년인가 어달리에 갔다가 조경 구조물에 고래만 한 「곰치국」이라는 홍보 문구를 보고 시청에 전화해야 하겠다 하고 잊고 살았는데 동해 소식지 지면에 또다시 「곰치국」이라고 표기되어 있었다.

고깃국, 김칫국, 냉잇국, 만둣국, 매생잇국, 뭇국, 북엇국, 선짓국, 순댓국처럼 사이시옷을 넣어야 올바른 표기이다. 참 어려운 우리말이다.

참고로 위층, 아래층은 사이시옷을 넣지 않는다. 사이좋게 지내라는 뜻일 것이다.

낄 때와 빠질 때

고깃국
만둣국에는
맛있는 것 많이 넣으라고

위층
아래층은
층간소음 사라지라고

넣었다
뺐다가 하는
사이시옷 가족들

굿 앤 바이 Good & Bye

 부고 문자를 받으면 그 사람 생전의 모습을 떠올리며 눈물이 핑 도는 때가 있고 '마침내 영면에 드셨구나' 하고 차라리 다행이라 여기는 경우가 있다. 전자는 사고나 불의에 떠난 경우이고 후자는 노환이나 오랜 투병 끝에 생을 마감한 경우이다. 그 집안의 종교나 여러 상황을 고려해 '부디 영면하시기를', '극락왕생하시기를', '삼가 고인의 명복을 빕니다' ' 큰 애도를 표합니다' 등 조의를 표현하는 방법도 여러 가지이다. 언제 어디서 어떻게 다가올지 모르는 죽음은 누구나 피해 갈 수 없다. 우리가 태어날 때 의사나 간호사의 도움을 받듯이 우리가 죽을 때도 장의사와 같은 누군가의 손길이 필요한 것이다.
 영화 굿 앤바이 (Good & Bye)는 염(殮)하는 일을 직업으로 둔 전직 첼리스트의 감동 드라마이다. (모토키 마사히로. 히로스에 료코. 야마자키 츠토. 출연, 타키타 요지로 감독의 영화) 어느 날 갑자기 자신이 속해 있던 오케스트라의 해체로 주인공인 다이고의 삶이 송두리째 바뀌게 된다. 낙향해 백수로 지낼 수만 없어 파격적인 대우를 해 주겠다는 '여행 준비 도우미' 구인 광고를 보고 사무실을 찾아가지만, 사실은 시신을 수습하고 관에 넣는 장의사 같은 일을 하는 곳이었다. 여기서 '여행 준비 도우미'라는 광고 문구가 마음에 들어왔다. 나 하늘로 돌아가리라/아름다운 이 세상 소풍 끝내는 날/가서 아름다웠더라고 말하리라// 천상병 시인의 귀천에 등장하는 시구처럼 삶은 소풍이요 여행이라 생각한다. 그 먼 여행을 떠나보내기 위해 씻겨 주고 깨끗하게 단장을 해 주는 귀한 일이라는 말이 아닌가. 물론 쉬운 일이 아니다. 가족의 반대도 그렇고 주위의 시선 모두 곱지 않다. 이 대목에서 직업에 귀천이 따로 있느냐고 묻는다면 망설임도 없이 그렇다고 대답할 것이다.

특히 우리나라에선 더 그렇다. 청소부에서 환경미화원으로 호칭이 바뀌고 대우도 좋아져서 취업 경쟁률이 상당히 높은 편이지만, 일명 화이트칼라나 공무원이나 환경미화원을 대하는 우리의 시선이 동등한가? 한쪽에선 일자리가 없다고 아우성치고 일손이 절실한 곳에선 사람을 구하지 못해 아우성친다. 수입이나 복지 등 여러 이유가 있겠지만 직업에 대한 편견이 큰 비중을 차지하는 게 현실이다. 공중화장실을 청소하는 사람이나 법복을 입은 판, 검사나 동등한 시선으로 바라보아야 하지 않을까.

사람은 누구나 사랑하는 사람 곁을 떠나기도 하고, 떠나보내기도 한다. 죽음을 맞이하는 순간은 우리 일생에서 가장 경건하고 순수한 시간이다. 어떻게 하면 편안하고 행복하게 마지막을 장식할 수 있을까. 남는 자에게 지난 잘못을 뉘우치며 진정으로 용서를 구한 뒤에 떠날 수 있다면 얼마나 다행스러운 일인가. 오랜 기간 헤어져 지냈던 아버지의 시신을 수습하던 중, 손에 꼬옥 쥐고 있는 작은 몽돌의 의미, 다시 그 돌을 아내의 손에 쥐여 주고 아기가 자라고 있는 아내의 배에 그 손을 얹어주는 장면의 의미, 그 모두가 용서와 화해이다.

"죽음은 문이야, 죽는다는 건 끝이 아니야. 죽음을 통과해 나가서 다음 세상을 향하는 거지"라는 대사처럼 죽음은 끝이 아니라 새로운 시작일 수도 있다. 죽음이 새로운 여행이라면 준비를 잘해야 한다. 멋진 마지막 여행을 위해 의식을 행하는 사람이 바로 장의사이다. 누군가는 해야 하는 일, 그러나 아무나 할 수 없는 일, 행복한 여행 도우미의 자긍심과 그들의 애환이 잔잔하게 감동을 주는 작품이다. 사족이라면 일본은 제국주의 부활을 꿈꾸며 다시 전쟁을 할 수 있는 나라로의 헌법 개정을 호시탐탐 노리고 있다. 예술과 정치를 동일시할 수는 없지만, 그들이 저지른 만행으로 수많은 '죽음'과 '주검'이 생겼다. 제대로 된 반성도 사죄도 없다. 남의 고통을 즐기던 침략자들의 임종도 행복하기를 바라야 할까?!

"이 세상에 죽음만큼 확실한 것은 없다. 그런데 사람들은 겨우살이는 준비하면서도 죽음은 준비하지 않는다."톨스토이의 말이다. 어디에서 왔다가 왜 죽는지 그 이유도 모르면서 사람은 모두 죽는다. 세상의 모든 종교는 그 죽음이 두려워 탄생한 것이라고 나는 확신한다. 그러나 어떤 종류의 임종이든 죽어서 한 번은 건너야 할 강이기에 그 강의 폭이나 깊이와 그 너머에 미리부터 겁먹을 필요는 없다고 본다. 죽음은 떠나온 고향으로 돌아가는 것이다. 그리하여 두려울 것도 싫어할 것도 없다. 화로에 시신을 밀어 넣고 "불이야" 하고 소리치면 불을 피해서 망자가 뛰쳐나오는가? 몸에 불이 붙었다고 망자가 뜨거움을 알겠는가? 탈 수 있는 것은 모두 타고 남는 것은 하얀 재와 재가 되지 못한 백골 몇 조각, 질펀하게 한바탕 살다 간 흔적이 겨우 한 줌이다. 참으로 허망한 일이 아닐 수 없다.

화장장이라는 명칭에서 승화원으로 바뀐 것은 참 잘된 일이라고 생각한다. 어떤 현상이 더 높은 상태로 발전하는 일이 승화(昇華) 아닌가. 지금보다는 좀 더 좋을 것이라는 기대감을 주는 말이기 때문이다. 1200~1300℃에서는 사리가 남아 있을 수 없는데 옥색빛을 띠는 치아를 사리라고 챙겨 간다는 말은 참 많은 생각을 하게 했다.

2018년 5월 30일에 신흥사 조실 무산 스님의 다비장이 거행되었다. 가까이에서 뵌 건 두 번뿐이지만, 무산 조오현 스님의 풍경 소리 같은 울림이 큰 작품들을 참 좋아한다. 마지막 가시는 모습을 직접 뵙지 못해 아쉬웠지만, 다음 날 신문에서 사진으로 그 모습들을 보았다. 큰 스님의 다비식에는 참으로 많은 '난 사람'들과 서로 대립각을 세우던 사람들도 자리를 함께했다.

소나기도 비켜서고 활활 타오르는 불꽃을 보면서 자연스레 승화원의 화로와 비교를 하게 되었다. 올 때는 모두가 같은 벌거숭이였는데 갈 때는 저리 다른 대우를 받으며 가는 건가. 장작불이나 가스불이나 태워서 재로 만드는 역할은 같은데 성대함과 조촐함의 차이는 무엇인가. 장작불에서 재가 된 망자는 더 많은 것을 쥐었다가 더 많은 것을 남기고 가는 건가.

매장이나 조장(鳥葬, 천장, 天葬), 풍장(風葬), 수장(水葬), 빙장(氷葬), 화장 후의 자연장 - (수목장, 산골장(산에 뿌림) 잔디장, 화초장), 총알장에 우주장까지 마지막으로 가는 문은 참 여러 개이다. 땅덩어리가 작은 우리나라에서는 화장을 선택해서 묘지로 인해 임야가 사라지는 것을 막아야 한다고 생각한다. 그래서 '하늘정원'은 참 고마운 곳이다.

누군가 카페인 줄 알고 들어갔다가 나왔다는 이름도 얼마나 고운가, 곁에 있어야 할 사람이 사무치게 생각날 때 술 한 병 사 들고 가 한 잔 부어주고 나도 한 잔 마시고 실컷 울다 올 수 있으니까 말이다. 부활을 믿고 갔든지 윤회를 믿고 갔든지 먼 길 떠났던 사람들이 다시 돌아왔다는 이야기는 듣지 못했다.

너도 가고 나도 언젠가는 가야 하는 곳, 그곳이 꽃밭이라니 참 행복한 일 아닌가. 죽음은 멀리 있는 것이 아니다. 그러므로 우리는 어떻게 하면 좀 더 아름답게 삶을 마무리하고 행복한 임종을 맞이할 건지 늘 준비하고 있어야 한다. 뒤에 남은 사람이 크게 울지 않도록 말이다.

승화원에서

떠난다고 모두를 미워할 일 아니다

수의(囚衣)를 벗어 던지고
수의(壽衣)로 갈아입은

환호로 배웅해야 할
자유 찾아 떠나는 새

일상언어

개는 꼬리에 영혼이 있고 말은 귀에 영혼이 있다는 말이 있다.
나는 나의 말이 두 개의 얼굴을 가지고 있다고 생각했다. 하나는 잘 정제된 향기로운 말이고 또 하나는 깡패처럼 육두문자를 서슴지 않는 폭력적인 말이다. 탄광에서, 공장에서, 열악한 환경의 거친 사람들과 상대하며 '말로써 말 많으니 말 많을까 하노라.'를 수없이 되뇌며 살았지만, 지지 않고, 그들을 제압하려면 눈빛이든 말이든 무게를 지닐 수밖에 없었던 것 같다. 스님도 목사님도 운전대만 잡으면 180도 달라진다는 말, 반성하는 의미에서 나의 하루를 거울에 비추어 보기로 한다.
제비와 참새들의 소란스러운 환영 노래로 아침이 시작되었다. 맨 먼저 만나는 사람이 빵을 싣고 오는 배송 기사님이고 늘 로봇처럼 '안녕하세요?' 하는 첫인사이다. 조금 지나서 아들이 나타나지만, 나나 아들이나 인사는 생략이다. 늘 그래 왔듯이 말 없음의 대물림이다. 상자 수를 확인하고 '많이 파세요.' 하면 '수고하셨습니다.'라고 대꾸하면서 기사는 떠난다.
준비 작업을 하는 동안에 아내가 커피를 끓여 오면 "땡큐" 짧게 한마디, 다른 날에 비해 물량이 적은 관계로 여유가 있어 꽃밭으로 가서 풀을 뽑으며

"저 보라색 붓꽃, 정말 예쁘지?"

"응"

"비가 언제 왔지? 상추, 고추에 물 줘야 할 것 같아."

"엊그제 왔는데?"

대부분이 단답형이다.

새로 이사 온 2층 아줌마가 "주말인데도 바쁘시네요." 했는데 대꾸가 없었다고 아내가 핀잔을 준다. 그러고 보니 아침 먹고 "갑니다." 하고 아들이 나가는데도 대답을 하지 않았다.

마트에 가면 늘 만나는 우유, 햄, 두부, 콩나물, 채소, 등을 싣고 오는 사장들과 관리 직원, 계산원, 또는 점포주들과의 인사도 "안녕하세요" "수고하십시오!" 계산서를 내밀면서 몇 개, 얼마입니다, "안녕히"라는 말도 생략한 "계세요!"이다.

오랜 기간 마주한 친숙함도 있지만, 사실은 시간 절약을 위해서다.

가는 곳마다 주는 대로 커피를 다 마시고 한 집에서 1분씩만 지체하면 주문 마감 시간인 3시 안에 일을 마칠 수가 없기 때문이다.

평일에는 바빠서 공을 찰 시간이 없으니까, 토요일과 일요일에만 가는 운동장, 어차피 어디나 돈을 주고 빌리는 것이지만, 최근 들어 한중대 구장을 쓰는 날이 많아졌다. 20대부터 60대까지 연령대가 다양한데 오늘은 60대가 나를 포함해 두 사람뿐이다. 거친 몸싸움으로 늘 위험 부담이 있는 게 사실이지만 다른 운동은 시간이 맞지 않을뿐더러 싱겁고, 재미가 없다. 여기서 사용하는 언어는 사뭇 다르다. 조금은 과격하고 잔소리 성이며 제일 많이 쓰는 단어는 '마바리'이다.

"이 마바리 같은 놈아, 주고 다시 받아야지."

"마바리처럼 뛰기만 하면 뭐 하느냐? 머리를 써야지."

"슈팅할 때는 다리에 힘을 빼야지, 이 마바리야."

사실, 마바리라는 말이 말과 벌을 뜻하므로 그리 나쁜 욕이 아닌데도 듣는 사람은 기분이 썩 유쾌하지는 않은 말이다. 그래도 큰 반발이 없는 것은 나이로나, 이론으로나 실력으로나 그만한 위치에 있다고 보는 것 같다. 4게임을 찬 뒤에 지친 몸을 이끌고, 문을 여는데, 고소한 냄새가 진동한다. 나보다 더 좋아하는 아들 녀석을 위해 세 시간이나 옻을 다리고 닭을 삶은 것이다. 토요일 저녁에다 좋은 안주가 있는데 술이 빠질 수가 없다. 술잔을 건네면서

"자, 아들 한 잔."

"당신도 한잔해야지?"

빈 병이 세 개쯤 되면 장원용으로 간단한 안주만 남기고는 고스톱판이 벌어지는데 그때마다 같은 말, "오늘은 따서 주기 없기다."라고 하지만 장원주를 많이 마셨으니, 오늘도 돈을 딴 것이고, 늘 그랬듯이 나누어 주고 만다.

얼근히 취기도 오르고, 하루가 끝나고 한 주일이 마무리되는 시각, 오늘 하루 가장 많이 한 말은 역시나 "안녕하세요?"와 "안녕히 계세요!"이다.

시를 쓰는 사람으로서 좀 더 고운 언어를 사용하고 남에게 상처가 되지 않게 한 마디 한 마디를 조심하며 단시조 같은 단답형의 인색함에서 벗어나 말도 조금씩은 더 나누어야겠다고 다짐을 해 본다.

숲으로 가는 길은

숲으로
가는 길은
상처를 쓰는 일이다

새 소리에 귀를 닦고
물소리에 마음 씻어

살면서
만들어진 각(角)
모를 가는 일이다

유기 遺棄

 는개비가 가로등 불빛을 안고 흐느적흐느적 밤을 적시고 있다.
 집을 찾지 못하거나 길을 잃었다고는 생각할 수 없는, 한눈에 봐도 버림받았음을 알 수 있는 개 한 마리가 골목을 더듬는 게 보인다. 앞이 잘 보이지도 않게 자란 덥수룩한 털에 윤기 없는 꼬리를 축 늘어뜨린 채 꼬깃꼬깃한 몸짓으로 행인들의 발길을 피해 가며 뒤뚱거린다. 옆집에서 컹컹, 뒷집에서 왈왈, 조용하던 골목이 일순간 소란스러워진다.
 애완견 천만 시대, 실로 엄청난 숫자이다. 외로우니까, 사랑스러우니까 한때는 가족처럼 지내다가 늙고 병들면 돈 들고 귀찮다고 행해지는 현대판 고려장에 대한 동족 간의 분노와 아우성이다. 낡고 녹이 슬면 교체할 수 있는 기계의 부품이 아니면 살아 있는 것들은 모두 죽는다. 온종일 일을 하고 젖을 내주고 결국에는 몸까지 바치는 소, 우리에서 살만 찌우다 안줏거리가 되는 돼지, 산삼이든 해삼이든 누군가를 위하든 아니든, 이유가 있든 말든 영웅도 절세 미녀도 늙지 않고 죽지 않는 것은 없다. 식용이든 노리개든 기쁨을 주던 개도.
 짖지 못하게 성대 수술을 한 루루라는 몰티즈를 며칠간 보살피면서 인간의 잔혹함에 대하여 다시 생각하게 되었다. 이웃 때문이 아니고 그 주인이 청각장애인이라 눈으로만 말하고 꼬리로 대답하는 관계였을 거라고 애써 나를 위로해야 했다.

루루를 애견센터에 주고 온 지 얼마 되지 않았는데 아내는 오늘도 버림받은 백구 한 마리의 상처를 치료하며 정성스레 약을 먹이고 빗질을 하고 있다.

나는 그만 버럭 화를 내고 말았다. 또 유기견이냐고…….

사랑할 자격도 없는 인간들에 대한 분노라는 것을 아내는 안다.

버릴 일이면 애당초 키우지나 말 것이지, 투덜대다가 또다시 소시지 한 개를 입에 물려주고 만다.

개 한 마리의 하루치 식사 비용이면 기아에 허덕이는 아프리카 아이들을 사흘이나 배를 불릴 수 있다고 핀잔을 주기도 하지만 동물애호가인 아내를 사랑한다. 아내의 손을 거쳐 건강을 되찾은 녀석들이 믿을 만한 사람에게 입양된 뒤에 잘 지내고 있다는 소식을 들으면 덩달아 기뻐지는 것이 아내의 순수를 닮아가나 보다. 강아지가 있는 곳에 가면 내 몸에 달라붙어 킁킁거린다. 아마도 가족의 냄새가 풍기나 보다. 나는 개를 사랑하지는 않지만 가엾게 볼 줄은 안다. 하지만 그들은 아내 다음으로 나를 좋아한다.

마트에 가면 온갖 상품들이 냉장고와 진열대에서 사람들의 선택을 기다리고 있다.

공산품이야 변질의 우려가 거의 없지만 두부, 콩나물, 빵과 우유, 햄 같은 신선식품들의 생명은 그리 길지가 못하다. 그래서 사용기한을 정해서 표시하는 것이고 제조 일자와 시간까지도 명기하는 생산업체가 있는 것이다. 관계자나 납품하는 사람들은 한 개라도 폐기 처분되는 것을 줄이기 위해 태어난 순서대로 냉장고 앞이나 진열대의 위로 신경을 쓰고 진열을 하는 것이다. 그렇지만 애나 어른이나 바지를 입은 사람이나 치마를 두른 사람이나 보물찾기라도 하듯 그 순서를 마구 짓밟

아버린다. 다른 상품이야 일그러지건 말건, 뒤 손님의 기분이야 어찌 되었든 상관없이 나는 소비자이며 내 돈 내고 내가 골라 가는 왕이고 여왕인 사람들. 당연히 싱싱한 것을 먹고 먹일 권리가 있다. 그런데 먹을 수 있음에도 버려지는 것들은 어쩔 셈인가, 유기견처럼 눈 딱 감고 나 몰라라 하면 그만인가, 이미 오래전부터 우리가 사는 푸른 별은 식중독보다 더한 중병을 앓고 있다. 비싼 대가를 지불하고, 물 건너에서 모셔 와 피 같은 기름을 쓰고 땀 흘려서 정성스레 만든 아까운 것들, 버림받는다는 것은 슬픈 일이다. 아내는 냉이를 캘 때도, 고사리를 꺾을 때도 꼭 한 끼에 먹을 수 있는 만큼 한 주먹씩만 가져온다. 그래야만 다음 사람도 먹을 기회가 생기고, 맑고 푸른 하늘을 오래도록 볼 수 있다고. 참으로 버리고 싶지 않은, 버려서도 안 되는 소중한 골동품이다.

벙어리 루루

아파트에 사는 것은 모두가 입이 없다
너는 나를 몰라야 하고 커튼은 안개빛이다

여닫는
엘리베이터의 해찰궂은 쇳소리뿐

비단옷과 가죽 신에 기꺼이 목을 바쳐
냄새 없는 똥을 누며 엉너리 노리개로

오로지
임금을 위해 거세당한 어린 내시

꼬리로 대답하고 눈으로만 말하는
개집 같은 궁전에는 초인종이 개소리다

그들도
그들의 안에서 울부짖는 꿈을 꾼다

기수지역

　체한 것처럼 가슴이 답답할 때 찾아갈 곳이 있다는 게 얼마나 다행스러운 일인가? 아무 때나 달려가도 언제나 너른 품으로 말없이 안아주는 기수지역, 바로 갯목이다. 바람은 시원하고 오늘따라 두타산 어깨 주변으로 물든 저녁놀이 봉숭아 꽃잎처럼 곱디곱다. 아침놀과 저녁놀을 다 볼 수 있는 곳, 강과 바다의 경계이자 어울림의 광장이다. 송정비행장 활주로가 끝나는 지점에서 출발해 터덜터덜 출렁다리를 건너 하루는 만경대 잔디밭을 지나고 또 하루는 전천을 따라 걸었다. 출렁다리가 사라지고 줄배가 나타났을 때부터는 북평 다리를 건너는 날이 많아졌다. 줄배가 반대편에 있고 진주횟집 흥부 형네 아버님이 보이지 않으면 갯목을 건너갈 다른 방법이 없었기 때문이다. 대충 눈으로 금을 그어 본다면 북평 다리에서 출렁다리까지가 기수지역이다. 졸업할 때까지 기수지역을 운동장처럼 가운데 두고 400M 트랙을 돌 듯이 빙글빙글 돈 셈이다.
　발가벗은 키 큰 미루나무가 옷을 입고 벗는 광경을 담는다. 하늘 높이 튀어 오른 물고기가 물속으로 사라지면 순식간에 나이테 같은 동그라미가 나타난다. 숭어, 은어, 뱀장어 등 철마다 물가에서 낚시를 즐기는 사람들을 보면서 투망을 던지면 금 많은 고기를 잡을 수 있는데 어린 마음에 답답하다는 생각도 들었다. 이런저런 눈요깃거리로 해수욕장에서 북평초등학교까지의 이동은 눈깔사탕 하나로는 모자라는 거리였다.

갯목은 민물의 끝이요, 바다의 시작이다. 민물과 바닷물이 한데 어우러져 서로를 인정하고 적응하며 사는 곳이다. 일테면 다문화 가정이다. 우리나라는 이미 오래전부터 다문화 국가였다. 인도의 공주 허황옥이 가야로 시집와서 허 씨의 시조가 되었고 베트남 첫 왕조의 마지막 후손이 한국의 화산 이씨 시조이다. 국제결혼도 많아져서 심심치 않게 외국인을 자주 만나게 되는 세상이 되었다.

이재명 대통령은 취임식을 마치고 우원식 국회의장·정당 대표들과 비빔밥을 함께 먹는 오찬 회동을 한 바 있다. 당시 우 의장은 "국민 대통합이 절실한 때라 비빔밥으로 준비했다. 전국의 재료를 골고루 사용했다"라며

"오늘 상차림처럼 새로운 대한민국이 도약하는 앞으로의 길도 함께하길 기대한다"라고 덕담을 했다. 신문 기사를 읽으면서 지난 3년간 양극화가 극에 달했던 때를 돌아보았다.

토론과 합의는 없고 싸움만 난무하는 세상에 국민도 진영에 따라 둘로 갈라졌다.

쪼개진 한반도에 동서로 갈라치기 하고 이념으로 나눠 먹고, 정치판은 오직 표의 유불리에 따라 춤을 추었다. 이윽고 계엄이라는 괴물이 다시 탄생했으며 광장은 색깔끼리 모여 탄핵과 수호를 따로따로 외쳤다. 여도 야도 진보도 보수도 모두 같은 국민인데 봉합은 사라지고 척결만이 남았다.

강이나 호수 같은 담수(염분이 0.5permil 이하인 물)와 해양수(염분이 17permil 이상인 지역. 태평양의 평균 염분 34.6‰, 대서양 34.9 ‰,

인도양 34.7‰) 사이에 기수지역(염분이 0.5 ~ 17permil인 지역)이 있다. 극우나 극좌가 아닌 건전한 보수와 건전한 진보가 얼굴을 맞대고 서로 다른 처지가 되어 보며 이해하려고 노력하고 수긍하는 평화로운 마당, 광장의 차 벽 같은 절충 지대가 아니라 모든 것을 받아 안고 녹여 내는 용광로이면 좋겠다. 그리하여 너도 살고 나도 살고 우리가 함께 어울려 사는 세상이면 좋겠다. 북평 다리 서편으로 백학 두 마리가 날아오른다.

기수지역

눈 녹아 시린 물과 벽 넘어 짠 바닷물
선 없는 두 계절에 숭어 떼가 춤을 춘다
물보다 사람이 많아도 넘치지 않은 풍경

미루나무 그림자 사이 은빛 은어 뒤를 따라
발가벗은 아이들이 환호하는 마당이다
재첩도 바다 조개도 너나없이 사는 영토

기회와 상생의 터 무지개 뜨는 언저리에
이념과 종교는 응축하며 용해되어라
왼편도 오른편도 함께 어깨동무를 하여라

어떤 기쁨

가끔은 점멸등이나 마네킹이, 정해진 시간과 각도에 의해 오가는 자동차들에 서행을 유도하지만, 어느 곳이나 도로 위의 작업 현장에서는 근로자들이 신호봉이나 깃발로 안전을 위한 교통정리를 해준다. 대부분은 무표정한 얼굴에 성의 없어 보이는 것이 사실이고, '이번엔 또 무슨 일로 파헤치는 거지'라고 투덜거리게 된다.

몇 달 전부터 망상해수욕장 입구를 기준으로 해서 남북으로 도로 보수공사가 한창이다. 그런데 차선을 막아서서 교통정리를 하시는 근로자 한 분이 참으로 많은 생각을 하게 한다. 덩치는 넉넉하게 우람하고, 새까맣게 탄 얼굴에 도수 높은 안경을 끼고, 언제 보아도 웃는 모습으로 수신호 하는 손에는 기운이 넘치며 불편하게 해서 죄송합니다, 기다려 주셔서 감사합니다, 하는 표정으로 쉬지 않고 90도로 깍듯이 인사를 한다. 더위와 바쁜 시간임에도 짜증은커녕 잠시지만 기다리는 시간이 고맙기까지 하다.

요즘 같은 불황에 하는 일의 귀천이 어디 있겠는가?

어느 자리든, 어떤 상황이든, 어차피 해야 하는 일이라면 즐거운 마음으로

온 힘을 다하는 것이 진정으로 아름다운 모습일 것이다.

그분의 가정과 앞날에 늘 행운이 함께하기를 빌어 본다.

아름다운 손

파도가 쉬지 않고 바다를 닦는 것은
햇빛을 볼 수 없는 고기들 때문이다
하늘이 잘 보이라고 문을 여는 것이다

바람이 부지런히 들판을 쓰는 것은
혼자서 꼼짝 못 하는 씨앗들 때문이다
마음껏 세상 구경하라고 길을 트는 것이다

폐공기증

 직접이든 간접이든 체험으로 축적된 나쁜 선입견 하나가 있다. 간호사를 제외하고 '사'자를 만나면 일단 마음이 불편해진다. 판사, 검사, 변호사, 목사, 의사, 그중에서도 가장 심한 것은 의사이다.

 내 나이 서른, 서울 신림동 사거리 근처에 살던 때이다. 밖에서 한잔하고 오신 어머니는 낮잠을 주무셨고, 외마디 비명에 놀라 쫓아가 보니 몸이 움직이지 않는다고 했다. 다행히도 의식은 멀쩡했다. 뇌졸중, 일명 중풍이 온 것이다. 구급차로 인근 병원으로 갔다. 이런저런 검사를 마치고 한 달쯤 되었을까? 어머니는 중풍 전문 치료 병원인 경희대 한방병원으로 가고 싶어 했다. 의사에게 뜻을 전달했으나 이유 없이 퇴원 절차 미루는 것이었다. 동생들까지 몰려와서 한바탕 소란이 일어나고 나서야 퇴원을 할 수 있었다. 환자를 돈으로만 보는 전형적인 의술 기술자 집단이었다.

 축구를 하다가 다친 무릎에 물이 차고 퉁퉁 부어올라 병원에 가면 A 병원 의사는 약으로 물을 말려야 한다고 하고 B 병원 의사는 큰 주사기를 들고 와서 물을 뺐다. 같은 증상인데 왜 서로 치료 방법이 다를까? 그 불신으로 치료를 포기했고, 왼쪽 무릎은 지금도 조금 불편한 채로 살아간다. 과도한 음주로 팔다리에 마비 증상이 와서 큰 병원과 한의원을 여러 군데 찾아다니며 시간과 돈을 썼지만, 결과를 얻지 못했다. 스스로 내린 결론은 심한 탈수 현상이었다. 그즈음 혈압이 경계선상에 있었으나 혈압약을 먹으라고 강권한 의사는 이름도 얼굴도 기억나지 않지만, 가장 원망스러운 의사 중 한 사람이다. 장결핵 오진 사건은 그럴 수도 있겠다, 싶어 억울하지만 참고 넘어갔다. 의원이나 병원이나 진료를 받으러 가서 의사와 2분 이상 대화를 나눌 수 있는가? 질문에 대답이 자세하고 친절한가? 하고 묻는다면 대답은 한마디로 아니오, 이다. 자기 건강은 스스로 지켜야 한다는 걸 모르는 사람이 있을까? 그래도 탈이 났을 때 몸과 마음을 믿고 맡길 수 있는 병원이나 의사를 바라는 게 사람들의 하나같은 바람 아닐까?

전력 질주를 하면 호흡이 예전 같지 않다는 것을 느끼면서 담배를 끊으려고 무진 애를 썼지만, 번번이 실패하고 말았다. 한두 달 참으면 좋아지는 것 같아서 피우다가 참기를 반복하던 시기에 처음으로 검진한 폐 CT 건강검진에서 폐기종(폐공기증의 전 용어) 소견이 나왔다. 일 때문에 정밀 검사를 받고 누워 있을 시간이 없어서 기회를 놓친 것도 있지만, 자문을 구한 의사마다 달리 특별한 방법이 없다는 대답에 치료를 해야 한다는 생각 자체를 포기해 버렸다. 소견을 받은 지 4년이 흐르는 동안 나는 아무런 조치도 하지 않았다. 대신 2년째 담배를 피우지 않는다. 아니, 피우지 못하는 것이다. 조금만 힘들게 움직여도 숨이 차기 때문이다. 술이라도 한잔한 다음 날에는 그 정도가 더 심하다. 그래도 여전히 담배를 피우는 선배들을 보면 부럽기도 하고 염려스럽기도 하다.

오장육부를 잘 가지고 태어났다고 과신하고 살았다. 사상체질의 어디에 속하는지 모르고 궁금해하지도 않았다. 열심히 몸을 움직이면서 잘 먹고 잘 자고 잘 배출하면 아무 문제가 없을 줄 알았는데 무릎 꿇고 두 손을 든 패잔병이 되고 말았다. 운동을 하면서 숨이 턱끝에 차오르고 괴로움에 몸서리를 치다가 문득, 오늘 밤에라도 자다가 죽을 수 있겠구나! 하는 생각이 든다. 반성과 후회가 쓰나미처럼 몰려오지만, 그런들 무슨 소용 있으랴! 아내는 일 정리 하는 대로 입원하고 정밀 검사를 해 보자고 한다. 일단 동의는 했지만, '글쎄'라는 생각이 드는 것은 왜일까?

숨을 쉬며 살아갈 날이 얼마나 남았을까? 살살 달래며 어깨동무하고 걸어도 무엇 하나는 평균보다 일찍 낙오하거나 손사래를 칠 텐데 거의 자학 수준으로 몸을 돌보지 않은 나는 속죄하는 마음으로 하루하루를 감사하며 살 일이다. 소유권을 지녔다고 함부로 대하지 말고, 이제라도 몸이 하는 말에 경청하는 자세를 가져야 하겠다.

자화상

참 못난 노을 하나
붉으나 차디차다

흑백으로 넘어가는
축축한 장면 세워

말리고
살포시 포개
가슴에 다시 묻는다

폐공기증

든든한 그림자로 응원하고 위로하던
한 몸 같은 40년 지기 눈물로 먼저 보낸다

이별과 재결합의 순환
다시 볼 수 없는 역사

뻥 뚫린 빈자리에 고약한 친구가 왔다
자학을 용서받고 반성문을 쓰라 한다

후회와 변명은 싫다
달게 벌을 받겠다

핫팩

 올해는 성깔 있는 동장군이 벌써 여러분 다녀가셨고, 현재도 점령군처럼 세상을 손안에 넣고 쥐락펴락하고 있다. 새벽부터 일을 해야 하는 나로서는 추위와의 싸움이 만만치 않은 과정이다. 칼바람이라도 몰아치는 날에는 손가락이 깨질 것 같은 고통을 견뎌내야 한다. 마트를 함께 할 때는 온장고에서 뜨거워진 캔 커피 두 개로 언 손을 녹여가며 살았는데 그 후로는 그냥 맨몸으로 부딪치며 지냈다. 컴퓨터와 식탁이 있는 주방 겸 사무실에만 잠깐씩 전기난로를 켤 뿐 작업장에는 난방을 따로 하지 않는다. 온종일 머무는 것도 아니고, 넓은 공간을 데우는데, 드는 난방 비용이 낭비라고 생각하기 때문이다.

 며칠 전에 포켓몬 빵 인연인 두 여인으로부터 핫팩을 세 상자나 선물 받았다. 4시에 출근하자마자 뜯어 얼음처럼 차가운 손을 데우고, 축구를 하다가 다친 후 제대로 관리하지 않아 겨울만 되면 욱신거리는 무릎에 틈나는 대로 갖다 댄다. 핫팩을 사용하는 것은 난생처음이다. 왜 이런 생각을 하지 못했을까, 번거롭다고 장갑을 끼지 않는 아들에게도 사용을 권유했지만, 대답은 '귀찮다'이다. 나 역시 그런 게 아니었을까, 몸을 위해서 무언가를 보태고 빼는 노력을 해야 하는데, 귀찮은 게 더 싫은 것이다.

 의사 얼굴 한 번 보는데 최소 한 달씩을 기다려야 한다. 그게 귀찮아

서라도 아프지 말아야 한다. 정점을 찍고, 내리막길에 들어선 몸을 위해 생각을 바꾸어야만 한다. 이제는 스스로 챙겨야 할 때가 왔다.

나 그대에게 그랬으면 참 좋겠네!

숨어 우는 그늘 안에 한 톨 빛 씨앗이라면!

옥쬔
마음 감옥에 손바닥만 한 창이라면!!

세상에
발 내밀 수 있는 낮고 편한 길이라면!!!

운명의 한 줄 글처럼
뜨거운 한잔 술처럼

선명한 이정표처럼
살가운 보름달처럼

이 한 몸 무엇이 되든지
그랬으면 참 좋겠네!

포켓몬 빵 이야기

2022년 2월부터 포켓몬 광풍이 일어났다.

새벽 4시, 사무실로 출근하며 맨 먼저 문자를 확인한다.(오전 2시 05분: 5개 품목 16상자 미출), 하루 평균 140봉 정도를 배급받아 옥계와 동해시 전 거래처에 다시 나누어야 하는 포켓몬 빵은 또 얼마나 뺄 것이며 호떡류나 샌드류, 납품할 식빵 제품은 무사한지…. 이제는 적응할 만도 한데 나도 모르게 튀어나오는 긴 한숨을 뱉고 만다.

정말이지 날마다 새로 맞는 새벽이 두렵기까지 하다.

빵 대리점 28년 차에 두 번째 맞는 포켓몬 빵 광풍 현상을 대하면서 만 가지 생각으로 머릿속이 오묘하다.

속없는 사람들이 떼돈 벌겠다고 부러워하지만, 매출에 도움은커녕 오히려 마이너스 요인이다. 우선 죄 없이 죄인으로 사는 게 영 불편하고, 그 정신적인 압박감은 어디에 하소연할 데도 없다. 배급받는 빵은 쥐꼬리인데 거래처마다 기다리는 줄은 뱀 꼬리보다 몇 배나 길다. 한 봉씩 한정 판매하는데도 빈손으로 돌아서는 사람들의 실망스러운 눈빛을 보면 한없이 미안하기만 하다.

손자를 위해서 택시를 타고 와 두 시간을 기다렸다는 할머니, 아이 손을 쥐고 부른 배를 내밀며 2인분을 달라고 읍소하는 젊은 여인, 삼촌 노릇 좀 할 수 있게 제발 한 봉만이라도 달라며 음료를 건네는 젊은이, 조금 전 A 마트에서 봤는데 B 마트 줄에 서서 겸연쩍은 미소를 보내는 사람, 대리점으로 찾아오거나 휴대전화로 부탁을 해오는 지인들, 한두 번도 아니고 '부정 청탁'이라는 농담으로 정중히 거절한다는 게 결코 쉬운 일이 아니다. 바야흐로 포켓몬 열차는 기적을 울리며 그 끝을 알 수 없는 세상으로 긴 여행을 시작했다.

 돌아보면 '국진이 빵', '핑클 빵', '디지몬', '원피스', '뽀로로', '펭수' 등 캐릭터 빵이 유행했던 시절이 있었다. 아이들은 꿈을 먹고 자라며 어른들은 향수를 먹고 산다. 돌고 도는 게 유행이라서 어느 캐릭터가 어느 날 갑자기 다시 붐을 일으킬지 모를 일이다. 어떤 품목은 본사가 위기 상황을 건널 수 있도록 징검다리 같은 효자 역할을 하기도 했다. 우크라이나 사태로 더 엄중해진 세계 곡물 가격 인상과 천정부지로 뛰는 유가에 SPC 본사는 어려움을 반전시킬 호재로 작용할지 모르겠으나 좀 더 거시적인 안목으로 보자면 크게 기뻐할 일만은 아닌 것 같다.

 그 하나는 제품에 들어간 캐릭터의 로열티에 대한 거부반응일 것이다.

 누워서 발가락으로 돈을 세는 게 일본의 닌텐도가 아닌가. 개인적으로도 '유니클로'를 입고 '아사히' 맥주를 마시며 '마일드 세븐'을 아무렇지도 않게 피워대는 사람들을 싫어한다. 독도를 자기네 것이라 우기고 세계 곳곳에 치유할 수 없는 깊은 생채기를 남기고도 반성은커녕 엄연한 역사적 사실마저 왜곡시키려는 그들을 위해 '후안무치'라는 말이 생겨났다고 믿는다. 두 번째는 수요와 공급의 불균형으로 과해지는 열풍만큼 반드시 함께 일어날 사회적 부작용 때문이다. 일일이 열거하지 않아도 비정상적인 현상이 오래 지속된다는 건 그리 바람직하지 않다.

 이참에 꼭 짚고 싶은 것이 있다. 정가가 인쇄 되어 있는 것은 아니지만, 거의 모든 마트에서 ₩1,200 하는 빵을 편의점에서는 왜 ₩1,500에 파는지 묻지 않을 수가 없다. (포켓몬 빵이 아닌 다른 상품도 일반 마트보다는 상대적으로 비싸다.)

 무엇인가를 위해 줄을 선다는 것은 어떤 형태이든 꿈을 얻고 싶은 것이다. 꼼수가 판을 치는 빙산의 한 조각뿐인 유통 현장이다. 공정과 상식을 외치며 어퍼컷을 올려 치던 차기 대통령 당선인이 오버랩되면서 나오는 웃음이 참으로 쓰다.

오픈 런

주머니에 손을 넣은 기다림은 하나도 없다
포켓몬빵을 그리는 뱀보다 훨씬 긴 시간
책이나 팔짱을 낄 때 '뮤'가 오지 않을까

꿈마저 곤히 잠든 기억 저편 창고에서
서로 다른 이름으로 부스스 눈 뜬 아이
선명한 에움길 따라 먼지를 내며 온다

아이는 어른이 되고 청춘은 백발 되어
마냥 좋은 눈빛으로 깡충깡충 뜀을 뛰는
똑 닮은 토끼를 위한 초록 마당을 펼친다

외항의 곱은 내항의 곱과 같아야 한다

4,000 : 1,000 = 12 : ×

1,000 × 12 : 4,000 ×

x = 3
고로 정답은 3이다.

　대선을 전후로 해서 귀가 따가울 정도도 듣는 말이 공정과 상식이다. 열풍을 넘어 광풍으로 치닫는 포켓몬 오픈 런 현상이 안쓰럽기까지 하다. 월요일부터 동해 이마트에서는 포켓몬 빵을 5상자씩 받아서 1인당 3개씩 판매하고 있다. 배급이 매출액 대비하여 이루어지는 것으로 알고 있는데 공정하지 않다.
　월평균 매출 4천의 대리점은 12상자, 천만 원 파는 이마트는 5상자. 단순 계산으로 대리점에 20상자를 주던가 이마트에 3상자를 주어야 맞는 공식이 아닌가.
　동해에서 옥계까지 전 거래처에 하루 30봉 이상 입점하는 곳이 없고 1인당 한 봉 이상 파는 곳이 한 군데도 없으니, 맘 카페나 SNS 등을 통해 대리점과 거래처들이 온갖 비난으로 수난을 겪고 있다. 또 한 번 어퍼컷 퍼포먼스가 뇌리를 스친다.

상품을 팔 게 아니라 마음을 사야 한다

　하나로마트 북평점이 판매 중단에 들어갔다. 이유는 단 한 가지, 일손이 모자란단다. 에이스 마트도 마찬가지이다. 아무리 이윤을 위한 것이 기업이라고는 하지만, 소비자를 우습게 아는 사업체는 소비자들이 응징해야 한다고 생각한다.

덕분에!

　'때문에'는 부정과 원망의 의미를 지니지만 '덕분에'는 긍정과 고마

움의 언어이다.

　3월부터 시작한 포켓몬 빵 열풍으로 날마다 스트레스와 전쟁이다. 물량은 늘 모자라고 배송 차는 늦고 내미는 손은 여전히 감당할 수가 없다. 얼마 전에 젊은 친구가 어떻게 알고 찾아왔는지 사무실에 와서 읍소를 했다. 2주일에 한 번씩 집에 오기 때문에 아이에게 포켓몬 빵을 한 번도 못 사 줬다고 했다. 천만다행으로 남은 게 있어 몇 봉 손에 쥐여 보냈다.

　2주 후에 음료수 한 박스를 들고 다시 찾아와서 우리 아빠가 세상에서 최고라는 소릴 듣는다고 연신 고맙다는 인사를 했다. 첩보 영화에 나오는 미행 장면처럼 내 차 꽁무니를 따라와 살인 미소를 보내는 사람, 한 손에 아이 손을 잡고 한 손은 부른 배에 얹고 간절한 눈빛을 보내는 사람, 차에 매달려서 폰을 열고, 아이가 셋이라는 증거를 대며 도움을 청하는 사람, 아이 생일이라고 큰맘 먹고 연락했다는 지인들, 형편이 되면 복을 짓는다는 마음으로 가끔 선의를 베푼다. 당근에 웃돈 받고 팔지 말고, 소문도 내지 말고, 자랑도 하지 말라고 당부를 하는데도 지키지 않는 사람이 있는 것 같다. 호의를 무색하게 하는 안타까울 일이다. 사는 동안에 내 작은 마음으로 누군가가 덕을 쌓으면 좋겠고 그 덕분에 또 다른 누군가가 행복했으면 정말 좋겠다.

삶은 기브 앤 테이크

　북평 하나로 마트 바로 옆에 도넛과 고로깨(크로켓)를 파는 호산 빵집이 있다.

　3·8일 장날마다 그렇지만, 오늘도 주차할 곳이 없어 먼 데 차를 대고 포켓몬 빵 10봉이 든 상자를 들고 가서 내려놓으니 엄청나게 반가

워하신다. 일하다 말고 손녀를 데리고 내 차가 도착하면 마트로 달려가는 모습을 여러 번 목격했고, 여유가 되면 한 번 도와드리겠다고 약속한 게 지난달인데 오늘에서야 그 약속을 지키게 되었다.

하나로 마트에서 이유가 될 수 없는 이유로 판매를 중단하고 나니 눈치를 보지 않아도 되니까 한편으로 좋기도 하다. 사모님이 만 원을 챙기는 동안 사장님이 냉장고에서 꾸러미를 두 개를 꺼내 건넨다. 어제 팔다 남은 것이지만, 드실만할 거라면서….

안 그래도 이 집 빵 맛이 궁금했는데 공짜라는 행운까지 얻었다. 삶은 기브 앤 테이크라고 했던가. 작은 기쁨을 되로 주고 말로 받은 격이다.

푸린과 파이리

희소성을 지니면 더 소유하고 싶은 게 사람이다. 포켓몬 빵 여덟 가지 중에 이름은 있는데 푸린과 파이리 얼굴 보기는 하늘에 별 달기이다.

"푸린 빵 들어오나요?"

"파이리 빵 있어요?

줄에 선 사람들도 묻고 마트 관계자도 묻고, 어제도 묻고 오늘 또 묻는다. 얼굴을 보며 이야기하는데 못 들은 척할 수도 없고 일일이 대답하는 일도 참 힘겨운 일이다.

대리점에 도착하는 푸린은 하루 12봉이고 파이리는 일요일만 24봉이다.

본사 담당에게 조르고 부탁해 봐야 능력 밖의 영역이다.

그 와중에도 어떻게 구했는지 당근에 웃돈 받고 파는 사람을 보면

얄미운 능력자라는 생각이 든다. 여름방학이 되어 학교 식당에 납품이 멈추면 상황이 좀 나아질까?

줄만 더 길어져서 학이나 기린 목이 되지 않을까? 재난 문자처럼 포켓몬 빵에 애를 태우는 모두에게 이런 사실이 알려지면 좋겠다. 날씨도 후텁지근해지는데 기대치를 낮추면 체온과 혈압이 덜 오르지 않을까?!

그녀는 물레방아

세상은 돈다. 지구도 돌고, 계절도 사람도 돈다. 그러나 코로나19처럼 도는 것이 반갑지 않은 것도 있다. 포켓몬 빵 오픈 런 대열에 하루도 빠짐없이 맨 앞자리를 차지하고 유리창 너머로 나의 일거수일투족을 살피는 사람들이 있다. 대략 환갑을 갓 넘긴 초로의 여인 두 사람과 젊은 친구 하나는 무슨 작전 팀 같다. 당근에 전문적으로 웃돈 받고 판매하는 사람이라고 누군가가 귀띔해 주지 않아도 눈빛과 행동을 보면 그러고도 남을 거라는 생각이 든다. 1인 한 봉 한정 판매이므로 잽싸게 한 봉을 사서 가방에 넣고 다시 돌아가, 줄 뒤에 선다. 이번에는 다른 계산대로 간다. 빵이 남아 있으면 한 번 더 돈다. 남에게 피해를 주지 않는다면 굳이 나서고 싶지 않지만, 꼭 헐레벌떡 뒤늦게 달려오는 사람들이 있다. 그 사람들을 위해 양보를 하라고 말해 보지만 들은 척도 하지 않는다. 말뿐인 한정 판매인 셈이다. 사지 못해 아쉬워하는 눈빛에 괜히 내가 미안하다. 계산상으로 조금 여유가 될 때는 차로 오라고 해서 손에 쥐여 보낸 적이 한두 번이 아니다. 마음 같아선 내 전화번호를 공개하고 당근에서 웃돈 주고 사지 말라고 말리고 싶다. 다 들어줄 수는 없겠지만, 정말로 간절하다면 길은 있을 것이다.

냄새와 향기

무릇 선한 행동은 향기 깊은 마음에서 일어난다.

기업들은 이윤을 위해 눈썹을 휘날리며 타이어 태우는 냄새를 풍기고 겉과 속이 다른 완장들은 어패류 썩는 악취를 풍긴다. 종량제 봉투 사는 돈이 아까워 시도 때도 없이 온갖 쓰레기를 소각하며 이웃집 코를 괴롭게 하는 사람은 냄새 그 자체이다. 그러나 좋은 사람에게서는 향수를 뿌리지 않아도 좋은 향기가 난다.

지난 수요일이었다. 포켓몬 빵을 사기 위해 모닝 마트 안에 줄을 섰던 사람들이 모두 빠져나가자 조금 전 월 마트 줄에서도 보았던 여자 한 분이 종이봉투를 건넨다. 맛있는 냄새가 솔솔 올라온다. 더구나 따뜻하기까지 하다. 점심시간이 다 되어 가는 시각이라 군침이 돌았다. 월 마트에서 일을 마치고 에이스 마트 들러 바로 모닝 마트에 온 것이니까 그리 긴 시간도 아닌데 방금 만든 것 같았다. 사무실 식탁 위에 풀어놓으니 새우 살과 오징어가 들어간 해물파전이다. 칡술 한 잔을 곁들여 둘이서 두 판을 정말 맛있게 순식간에 해치웠다. 후텁지근한 날씨에 수고했을 마음을 생각하니 고맙기 그지없다. 기억의 창고에서 가장 오래 빛날 값진 선물이다.

포켓몬 바람이 일면서 과분한 대접을 받는 것 같아 미안한 생각이 든다.

뇌물이 아니라면서 맨 처음 내게 두유를 건네다 거절당한 사람은 얼마나 무안했을까? 잘한 건지 잘못한 건지, 며칠을 곱씹었지만, 결론을 내리지 못했다. 더운데 수고한다며 건네는 각종 음료수에 커피, 직접 담근 식혜, 대게, 골뱅이, 꽃새우, 장뇌삼, 양력 생일에는 케이크도 두 개나 받았다. 그러지 말라고 해도 마음이란다. 주는 것 없이 받는 게 많은 요즘 나는 요즘 행복한 사람이다. 줄을 서서 오랜 기다림 끝에 원하는 것을 얻는 기쁨이 있을 수도 있겠지만, 내가 보기에는 안쓰럽고 미안한 생각이 든다. 포케몬 159과제를 얼른 마치고 졸업하기를 그저 마음으로 빈다.

호칭

요즘 날씨가 가히 가학적이다. 지친 모습이 역력한 아들이 포켓몬 빵 10봉을 내려놓는다. 토요일인 데다 포켓몬 빵을 남겨 오다니… 아들의 답은 간단명료했다.

마지막 거래처인 북삼 하나로에 주려고 20봉을 남겼는데 줄에서 누군가가 '포켓몬 아저씨'라고 하여 기분이 상했고 10봉만 줬다는 말이다. 그만한 일로 삐칠 상황이 아닌데 날씨 탓인가? 34세의 미혼 총각도 아저씨라는 소리는 듣기 싫었나 보다. 한참 동안 웃음이 쏟아졌다. 안타깝게도 얼마 전 타계하신 송해 선생님께서 전국을 돌며 전 국민을 상대로 전파한 행복 바이러스 중 하나가 '송해 오빠', '송해 형'이다. 분명히 아줌마로 보이지만, '아가씨'하고 불러주고, 분명히 아저씨나 할아버지여도 '형'이나 '오빠'라고 불러주면 듣는 사람의 체감온도는 확실히 달라질 것이다. 돈이 들거나 어려운 일도 아닌데 본인이 원하면 나이 좀 깎아 주고 좀 더 살가운 호칭으로 불러 준다면 자다가도 포켓몬 빵이 생길지 모를 일이다. 수많은 계산원 여사님 중에 유일무이하게 선생님이라고 불러주던 8번 여인의 안부가 문득 궁금하다.

작용과 반작용, 그리고 부작용

포켓몬 빵이 사람을 끌어당기면 사람은 같은 크기의 힘으로 포켓몬 빵을 끌어당긴다. 뉴턴의 제3법칙인 작용과 반작용의 법칙이다. 작용과 반작용이 상생의 관계라면 작용과 부작용은 그 반대이다. 양손에 모두 떡을 줄 수 없듯이 세상은 한꺼번에 행운을 다 주지는 않는다. 포켓몬 열풍 이후로 판매대의 빈 곳이 많아진다. 주문을 해도 오지 않는 제품들로 급기야 많은 문제가 일어난다. 조국의 바다를 지키느라 애쓰는 해경 함정에 실어야 할 빵이 오지 않아 보내지 못하고 3입 보름달과 한 입 소보루 빵은 얼굴 보기가 힘들고 옥수수, 우유식빵도 5일째 결석이다. 날마다 어느 품목이 빠질지 몰라 넉넉히 주문을 하는데 여름이라 유통기한이 문제다. 평균 4시 반이면 도착하던 차가 요즘은 보통 6시를 넘겨 온다. 정리해서 차에 싣고 늦어도 7시에는 출발해야 하는데 날마다 전쟁터요, 북새통이다. 토요일 아침 9시, 북평 하나로 문이 열리자, 6학년쯤 되어 보이는 아이들이 땀을 흘리며 기다리고 있다가 가장 먼저 들어온다. 계산원 젊은 여사가 "포켓몬 빵 안 팔아요!' 한다. 판매 중단 안내문은 이미 며칠 전부터 보이지 않았다.

"포켓몬 빵 팔지 않는다고 경찰서에 가서 신고해라!"

안쓰러운 상황에 웃자고 한 말인데 젊은 여사님이 놀라는 표정을 짓는다.

포켓몬 빵 판매를 중단했던 월 마트 김 회장님의 표정이 좋지 않다. 주차장에 넘쳐나는 차들 때문이다. 매출에 보탬이 되는 진짜 고객들이 오지 못한다는 불만이다. 작용과 부작용이다. 또 느닷없이 판매 중단 선언을 할까, 그것이 염려스럽다.

정말 간절하신 몇 분!!

정말 포켓몬 빵이 간절하신데 구하기 힘든 분 중에 일주일에 몇 분씩이라도 도움을 드리고 싶습니다.
 연락처 남겨 두세요!

♣ 조건 ♣
1. 당근에 웃돈 받고 판매한 이력이 없는 깔끔한 영혼의 소유자.
2. 워킹맘이나 병원에 계셔서 마음만 굴뚝 같으신 분.
3. 배도 불러 힘든데 보채는 아이까지 계신 분.
4. 두 아이 이상 육아에 힘쓰시는 애국지사 반열에 드신 분.
5. 한 차에 세 분 이상 함께 다니시는 환경친화적이신 분 등.

 매장에 더 놓으면 안 되냐고요? 토요일 한두 번 빼고, 줄에 섰다가 못 사 간 분 거의 안 계시고요. 물레방아처럼 1번 계산대로 시작해서 2번 계산대로 돌고 또 돌고 전 매장 투어를 하며 당근에서 장사하시는 선수들이 많거든요. 한 번이라도 도움을 받으셨다면 다른 분을 위해 양보해 주실 거죠? 혹시나 도움을 드리는 장면을 목격하시더라도 질투하지 마시고, 색안경은 진짜 쓰지 마세요.
 웃돈 받는 것 아니니까 걱정은 마시고요. 아셨지요?!!!
 그리고 며칠 후 엄마와 함께 온 아이들이 너무 좋아서 두 손이 하늘에 닿을 것처럼 폴짝폴짝 뛴다. 내 손자 같아 덩달아 나도 기쁘다.
 빵을 받고 돌아가서 환호하는 아이들의 생생한 사진을 보내온 분도 계셨다. 빵값보다 훨씬 많을 만큼 떡과 우유와 커피를 주신 분의 모습은 지워지지 않는다.
 빵을 건네받는 순간 금방이라도 울어버릴 것 같은 얼굴에서 내가 참 좋은 일을 하고 있구나, 하는 생각을 했다. 도움은 한 번뿐이냐고 묻는 사람, 다음 기회는 다른 분께 양보하겠다는 사람, 간절함과 이타심 사이의 아슬아슬한 경계선을 읽는다. 사람은 행복하기 위해 살아간다. 남을 위해 봉사하면서 기쁨을 얻는 분들에 비하면 아무것도 아니지만, 무재칠시(無財七施)의 깊은 의미를 다시 한번 새겨보는 계기가 되었다.

2등은 없다

오늘도 행복한 마트 앞에는 그 학생이 1등으로 서 있다. 아마도 족히 한 시간 이상은 기다렸을 것이다. 어떤 빵을 가장 원하느냐는 물음에 명쾌한 답을 하지 못한다. 신상부터 시작해서 갖고 싶은 게 한둘일까…. 짓궂은 질문이 아니라 1등의 대접을 해 주고 싶었다. 그 아이를 불렀다. 가벼운 빵 상자에 푸린 한 봉을 넣어 줄의 인원수만큼 15봉을 계산대로 보낸다. 개점 시각인 8시 반보다 빠르게 푸린 한 봉을 들고 기분 좋게 학교로 향한다. 내 각본대로 줄거리가 이어진 것이다. 나름으로 열심히 썼다고 공모전에 응모했던 동화 작품이 결선에 올랐지만, 마지막 한 사람을 이기지 못하고 미끄러졌다. 꼴찌도 갈채를 받아야 할 상황이 분명히 있을 테지만, 선자(選者)와 문운의 합이 잘 맞아야 하는 문학에서도 2등은 없다.

희망 고문

턱도 없이 모자란다는 표현으로는 부족한 것이 요즘 포켓몬 빵 2세대 신상 3종이다. 모든 매장에 나흘이나 공급을 하지 못했다. 대리점에 도착하는 물량이 하루 평균 2상자로 20봉이 채 되지 않는다. 시작한 지 얼마 되지도 않았는데 늘어도 시원치 않을 판에 반 이상으로 줄었다. 좀 더 치밀하게 준비해서 뚜껑을 열었으면 좋았을 텐데 생산도 물류도 엉망인 가운데 입소문의 꼬리 끝에 희망 고문만 있고 여전히 만나기 힘든 뮤와 뮤츠에 소비자들만 고생이다. 사실 포켓몬 빵 열풍이 없었다면 벌써 몇 번이고 소비자 가격이 올랐을 것이다. 상황이 상황이니만큼 여론의 뭇매를 피해(몇 년 전에도 슬그머니 올렸다가 여론에 못 이겨 가격 인상 철회를 한 적이 있다.) 가격 인상을 노린 계략이라면 대성공이다. 현장에서 느끼는 가격 불만은 상대적으로 크지 않기 때문이다. 지금부터는 이윤이 많아진 이슬과 이상해씨와 메타몽의 생산을 늘리지 않을까? 멀리뛰기를 위해 몸을 움츠린 개구리 같은 작전이라도 서 있으면 좋겠다.

다음 주부터 방학에 들어가는 아이들로 줄은 더 길어질 텐데….

당신은 로또

식자재 마트에서 봉오동으로 향하는 길에 눈에 익은 아이와 엄마가 보인다.

차를 세우고, 아이를 태우려는데 약간의 저항(?)을 한다. 행복한 마트에 들러 포켓몬 신상을 사야 한다는 이유이다. 오늘은 들르는 날이 아니라고 달래서 학교 앞에서 내려주었다.

"엄마한테 돈 받으면 되니까 먹고 싶은 거 딱 하나만 불러 봐!"

"메타몽이요, 한 번도 못 먹어 봤어요"

잠시의 망설임도 없는 씩씩한 1학년은 누가 볼까 봐 잽싸게 가방에 넣고 고맙다는 인사를 두 번이나 하며 학교 안으로 뛰어간다.

'얼마나 좋을까? 그것도 난데없이…'

마치 내가 친할아버지라도 된 것 같은 마음으로 뒷모습을 바라보았다. 고맙다며, 더운데 수고한다며, 그동안 받은 아이 엄마의 마음에 비하면 갚을 게 아직 남은 것 같다.

　요즘에는 포켓몬 빵을 보채는 손자나 내 아이가 없는 사람이 로또이고 있다면 줄을 서지 않아도 되는 것이 로또이다. 더 확실한 로또는 어서 빨리 이 열풍이 식고 모두 제자리를 찾는 것이다. 우리는 종종 누군가에게

　"당신은 내 인생의 로또!"라는 말을 한다.

　대부분은 애교 섞인 아첨일 수도 있지만, 진심에서 우러나오는 깊고 진한 말이라면 당신은 참 괜찮은 사람이다. 건네는 사람도 받는 사람도 모두 행복한 사람이다.

　'나는 누군가의 로또인가?' 조용히 질문을 던져 본다.

좋은 아빠

　어느 날 함께 술을 마시던 아들이 뜬금없이 "아빠하고의 추억이 별로 없다." 라고 한다.

　뜨끔하다. 뒤돌아 짚어 보니 부정할 만한 장면을 건질 수 없다. 아들은 1989년, 서울에서 태어났다. 토요일까지는 정신없이 일만 하다가 일요일은 공을 찬다고 운동장에서 살다시피 했으니 어린이 대공원, 과천 서울 랜드, 실외 수영장 등, 아들이 좋아할 놀이 시설에 가 본 일이 없다 여의도 광장에서 범퍼카 한 번 태워준 게 다인 것 같다. 여섯 살 때 아빠 고향에 온 뒤로도 운동장에만 함께 다녔다. 참 할 말이 없다. 변명은 더 궁색할 뿐이다. 아들아, 술이나 한잔 더 받아라!

　한중대학교에서 공을 차는 북평 생활축구회 회원은 단톡방 기준으로 90명이다.

　20대부터 50대까지 연령층이 다양한데도 분위기가 좋은 팀이다.

식자재 마트에서 일을 마치면 바로 운동장으로 간다.

사내들의 눈빛이 간절하다. 내 입만 쳐다본다. 포켓몬 빵 때문이다.

"형님 오늘 몇 봉 살 수 있어요?"

"월 마트하고 삼화 줄 거 남기고 다 풀게!"

"신상 있나요?"

"신상은 나도 얼굴 보기 힘들다"

일요일의 여유분으로 또 한 주를 버텨야 하기에 원하는 대로 다 들어 줄 수가 없다. 빵 상자를 내려놓으면 알아서 배분하고 돈을 걷어 오는 일은 정말 순식간에 끝이 난다. 포켓몬 빵으로 점수를 따고 좋은 아빠가 되고 싶은 사내들에게 내가 형님 찬스가 되는 순간이다. 운동장에 아이들을 데리고 오는 젊은 후배들을 보면 아들이 한 말이 자꾸 떠오른다. 후배들아, 나중에 아이들에게 원망 듣지 말고, 지금부터라도 가끔 시간 좀 나눠 쓰시게!

띠부씰 문제

월요일 자 입고 예정 물량이 절반으로 줄어 있어 휴일임에도 불구하고 본사 영업 담당에게 문의 겸 항의 겸 톡을 보냈다. 돌아온 답은 빵이 아니라 띠부실 공급이 달리기 때문이란다. 그나마 이유라도 알았으니 덜 끓기는 하지만, 날씨도 뜨거운데 머릿속이 복잡하다. 도무지 이해가 가지 않는 상황들이 좀 많은가? 하루 평균 30봉도 공급하지 못할 신상은 왜 미리 출시해서 사람들 애만 태울까? (메타몽은 지난주에 딱 16봉 왔다.) 이름만 있고 일요일에만 한 상자 오던 파이리 빵은 오늘 또 결석이다. (이 정도면 소비자를 우롱하는 일이다. 품목을 바꾸든지 족보에서 빼든지 해야 한다.) 모든 포켓몬 빵의 유통기한은 도착 기준 평균 3일이다. 아무리 여름철이라 하지만, 공장에서 하루 묵는다는 합리적인 의심이 든다. 물량 공급이 달리는데, 있을 수 없는 상황이다. 빵 구하기 힘든 분들께 나름 순서를 정하고 두 번씩은 도와드리려고 했는데 잠시 멈추어야 할 것 같다. 꿈을 꾼다. 우리나라 도깨비는 얼마나 종류가 다양하며 근엄하고도 인자하며 귀여운가?

해신, 천신, 지신, 산신, 용왕, 처녀 귀신, 총각 귀신, 부엌 귀신, 화장실 귀신, 등등 새끼치고 2세대, 3세대 이어가면 넷플릭스 다 채우고 남을 거다. 웹툰이든 애니메이션이든 우리 캐릭터를 우리가 만들고 키워 아쉬운 소리 하지 않고 피 같은 로열티 아끼고 문화 수출로 세계를 주름잡는 시원한 꿈을 꾼다.

미안하고 고맙습니다

대구, 광주 등 지역에서 만든 빵과 잼, 스낵류 같은 제품들이 성남 공장으로 모이고 성남에서 11t 차로 강릉 영업소에서 하차한 뒤 다시 5t 차로 속초, 태백, 동해, 삼척으로 나뉜다. 포켓몬 붐이 일기 전에는 대리점 도착 시각이 평균 4시 반이었는데 요즘 평균은 6시를 넘긴다. 더불어 새벽 풍경이 많이 바뀌었다. 1t 차에 짐을 모두 실은 뒤에 아침 먹고 7시 전에 출발하던 상황이 요즘은 아침을 먼저 먹고 빵 차를 기다린다.

부산에서 올라오는 롯데(기린) 차는 일 년에 한두 번을 제외하고는 내가 출근하는 4시를 넘기는 법이 없는데 샤니(SPC)는 날마다 고무줄이요, 롤러코스터다. 피서 차량을 이유로 든다면 조금만 견디면 될 테지만, 그 후로도 딱히 달라질 것 같지 않다.

오늘도 새벽 3시 반에 배송 기사로부터 늦는다는 문자가 왔고 6시에는 전화가 왔다. 아무리 빨라도 7시 전에는 힘들겠다고…. 7시 10분에 빵 차가 도착했다. 아들은 납품할 제품들을 종이 상자에 담고 나는 일반 빵, 아내는 포켓몬 빵을 한 상자에 골고루 40봉씩 정리한다. 날씨는 후텁지근하고 마음이 바쁘니까 금세 땀범벅이 된다.

번개 같은 손놀림으로 1t 차의 10개나 되는 모든 문을 닫고 사무실을 떠난 시각은 8시 5분. 출발 전에 식자재 마트에는 줄에 서서 기다리는 사람들께 30분 지각을 알렸다. 예견된 일이지만, 시작부터 엉킨다. 내가 늦었으니 발 동동 구르고 있는 사람들을 위해 송정 해군 부대 정문부터 가야 했다. 식자재 마트는 몇몇 사람이 기다리다 갔다는데도 줄이 꽤 길었다. 죄지은 사람처럼 미안해지니, 마음은 앞서가고 몸이 더 뜨거워진다. 누군가 다가와서 "이거 뇌물 아니에요!" 하면서 커피와 음료수를 건넨다.

오로지 파이리를 사랑하는 아이들의 엄마다. 지난주에 몇 봉이라도 주겠노라고 약속을 했는데 빵이 오지 않아 지키지 못했다. 꽁꽁 얼린 생수가 채 녹기 전이라 다른 생각할 겨를도 없이 벌컥벌컥 들이켠다. 오랜 기다림에 짜증이 났을 텐데 미안하고도 감사하다. 오늘따라 한 번도 재촉한 적 없던 '버거스캔들'마저도 단체 주문이 있다고 10까지 배송을 부탁했다. 거래처 순회 순서도 바뀌고 시간은 뒤로 많이 밀렸어도 에이스 마트에 와서는 호흡을 가다듬을 겸 화장실에서 세수를 했다. 남은 생수는 이미 중탕이다.

한 차에 네 사람이 타고 포케못 투어를 하다 삼화에서 만났고 맨 처음 사무실을 방문했던 여인들 중 맏언니가 이온 음료를 건넨다. 기분 탓인가? 발끝까지 시원하다. 날씨만큼 정신없던 하루를 돌아보니 참 미안하고 고맙다.

순결한 땅

 점심을 먹고 주문 창을 띄운다. 내일 배정 예정에 이슬이는 또 없다. 엿새째이다. 일요일 외에는 알현하기 힘든 파이리는 기대도 하지 않는다. 부아가 더 치민다.
 남의 구역에 와서 저 귀한 것들을 버젓이 팔고 있는 저 인간은 대단한 능력자이다. 그룹 회장님의 핵관 중의 핵관인가? 사장님이나 사모님의 하늘 같은 법사인가? 첩보를 듣고 일요일 현장에 가서 증거 자료로 쓰기 위해 사진을 찍어 왔다.
 SPC는 파리바게뜨, 베스킨라빈스, 던킨도너츠, 빚은, 외에도 육가공 전문 브랜드 그릭슈바인, 샐러드 전문점 피그인더가든, 샌드위치 전문점 에그슬럿, 간편식 매장을 운영하는 시티델리와 고속도로 휴게소 컨세션 사업 등등 말 그대로 종합 식품 공룡그룹이다. 유통 채널이 스마트 TV보다 더 많다. 담당도 잘 모르겠다고 알아보고 연락을 준단다. 그렇게 한 꺼풀씩 비밀을 벗기며 온 전화가 분주한 월요일 오전에 다섯 통이다. 그 마지막은 금요일까지 「현장의 소리」에 글 올리는 것을 참아달라고 한다. 옆에 있던 사람들이 놀랄 정도로 내 언성이 올라가고 말았다. 자기 처지만 생각한다. 대리점이 아닌 다른 루트로 흘러 들어간 포켓몬 빵이 모 무인 마트에서 끼워팔기에 이용되었고 재발 방지에 힘쓰겠다고 약속한 지가 얼마 되지 않았다. 전년 대비 실적 따지기 좋아하는 공룡 몬스터는 어느 길이든 어느 지역이든 제품만 팔면 그만이다. 앞을 내다보고 종합 식품 대리점으로 승격시키고 싸구려 냉동고에 버린 돈이 얼마인데 골목 싹 쓸어 가고 학교 매점 다 업어 가고 이마트, 노브랜드, 홈플러스, 따로 가고 하나로 마트에도 다른 물류 라인으로 냉동 제품이 들어간다. 대리점은 바람 불면 날아가는 포켓 몬스터이고 본사는 골리앗 몬스터라는 생각이 사라지지 않는다.

권리금 주고 담보 맡기고 30년 가까이 지켜온 이 터는 내가 죽어 뼈를 뿌릴 소중한 나의 땅이다. 상도(商道)라는 말은 사전에서나 잠자는 골동품이 된 지 오래지만, 그래도 지킬 건 지키며 함께 살면 좋겠다.

롯데 디지몬 빵
샤니 / 삼립, 기린 / 롯데
동해대리점
대표 김 영 철

몇 장 남지 않은 내 명함이다. 서울식품(코알라 빵)이 대리점 사업을 포기하기 전까지는 하루에 4대의 빵 차가 왔다. 서로 자기 회사 매출을 올리기 위해 무시로 찾아오는 네 명의 본사 담당들이 징그럽기까지 하던 시절이다. 샤니와 삼립은 원래 형제 회사였으니까 상장회사로 통합이 되었고 기린은 롯데 그룹이 인수해서 현재 양산 빵 업체는 두 곳으로 압축되었다. 몇 년 전에 지금의 삼립처럼 롯데가 속을 썩일 때 과감하게 관계를 끊었다. 그러나 담당은 거래처 코드를 소멸시키지 않고 살려둔 채 대구에서 일부러 수없이 나를 찾아왔다. 귀가 솔깃해지는 좋은 조건들을 내세우기도 했지만, 쉬이 돌아가지는 못했다. 그러던 중 이삭 토스트 개점으로 다시 거래가 시작되었다. 세상은 변한다. 영원한 적도 동지 없이 도태되지 않으려면 적응하며 살아야 한다. 롯데리아는 삼립으로 오고 맘스터치는 롯데로 갔다가 다시 왔다. 롯데리아에 롯데 빵이 가야 맞는 상황 같지만, 현실에서는 딱 맞아떨어지는 정답이 없다. 롯데에서 출시한 디지몬 빵이 말일부터 대리점에도 출하가 된다. 자신은 상도(商道)나 정도(正道)를 무시한 채 사방팔방으로 공격적 영업을 하면서 디지몬 빵을 유통시키면 온갖 방해 공작과 해코지를 멈추지 않을 삼립… 생각할 일이 너무도 많은 가을 입새에 고민거리 하나가 더 늘었다.

신기한 맷돌

어제 받은 술과 핸드 메이드 술잔, 누가 제주도에 갔다가 사 온 거란다. 볼펜과 손수건을 줄 때도 핸드크림을 줄 때도 꼭 "사모님 것"이라고 말한다. 반주로 마셔 볼까 하는 생각도 했지만, 너무 귀여워서 참기로 했다. 전래 동화 중에 「소금 만드는 맷돌」이 있다. 선행을 베푸는 임금님의 맷돌을 훔친 도둑이 바다로 도망가는 중에 "소금아, 쏟아져라!" 한 뒤에 멈추라는 말을 못 해 바다에 빠졌고 여전히 바닷물이 짠 이유가 바로 그 맷돌 때문이라는 이야기이다. 신상(이브이)이 나온 뒤에도 글쓰기를 멈춘 여러 이유가 있지만, 포켓몬 빵이 나에게 던져주는 이야기는 맷돌처럼 쉼이 없다. 토요일인지라 나안 농협에 9시 5분경에 도착했는데 번호표 순서 때문에 작은 실랑이를 벌이고 있었다. 식구가 많은 쪽에서 통 크게 양보를 해 주었다. 내가 다 고마웠다. 어떤 빵을 갖고 싶으냐고 양측에 물었다. 한쪽은 이브이, 다른 한쪽은 피카츄였다. 20여 명의 줄에서 그들이 모두 원하는 빵을 손에 넣는 것을 확인하고서야 돌아섰다. 광고에서 보기는 했지만, 약인지 음료인지 모르는 쿠퍼스를 받았다. 뚜껑을 여니 알약 같은 게 두 알 앉아 있다. 손바닥에 대고 꺼내려는데 아뿔싸! 끈적끈적한 액체가 쏟아졌다. 용량이 작은 병이었으니까 반은 먹고 반은 손에 바른 셈이다. 혼자서 한참을 촌스럽게 웃고 말았다. 포켓몬 맷돌에서는 좀 더 인간적이고 좀 더 따뜻한

이야기가 많이 쏟아지면 좋겠다.

마지막 숙제

제아무리 예뻐도, 아무리 바빠도 사람을 태울 수 없는 게 마지막 나의 애마 내 옆자리이다. 온갖 장부와 물건들이 서슬 퍼런 안방마님과 터줏대감처럼 앉아 있기 때문이다. 방향도 같고 시간도 맞아서 1학년인 아이를 식자재 마트 근처에서 동해초등학교까지 두어 번 태워준 적이 있다.

불편했을 테지만 걸어간 것보다는 조금 더 만족스러웠을 것이라고 애써 생각을 해 본다. 오늘 아침 행복한 마트에서 그 모자를 만났다. 이브이 두 봉을 사서 학교 방향으로 가는 걸 보았는데 금세 돌아온 아이 엄마가 쇼핑백 하나를 내민다. 전에도 한 번 받은 적이 있는 홍삼 선물 세트이다.

"저 금요일에 이사 가요"

"그동안 감사했습니다. 건강하세요!"

얼마 전에 김해로 이사할 거라는 말을 들은 터라 놀라지는 않았다.

"선물은 내가 해야 하는 건데, 하여간 고맙습니다. 이사 잘하시고 잘 지내세요!"

그러고 헤어졌는데 무언가 숙제를 미룬 것처럼 마음이 개운하지 않았다. 내일은 마침 화요일이다. 옆자리 정리 좀 하고 마지막으로 왕자처럼 학교까지 모셔야겠다. 지난번처럼 원하는 빵 딱 하나만 가방에 넣어주면 그동안 받은 빚의 반이라도 갚게 되는 걸까?! 아이가 자라서 포켓몬 빵을 추억할 때 나를 떠올릴까? 다시 동해로 오면 만날 일이 있을까? 아무쪼록 탈 없이 잘 살아주면 좋겠다.

'뮤', '뮤츠' 좀 주세요!

백만 원어치 포켓몬 빵을 산 현아 언니도, 띠부띠부씰 천 개를 모은 명지 이모도 여전히 포켓몬 빵 주위를 서성이네요. 이유는 단 한 가지예요. '뮤'나 '뮤츠'를 만나지 못해 손을 털지 못한 거예요. 기분 문제라서 중고 마켓에서 구매하는 건 마음이 허락하지 않고 혹시나와 역시나 사이를 오르락내리락하며 스스로 희망 고문에 갇혀버린 셈이지요. 그러고 보면 SPC의 '귀한 분' 마케팅 전략은 100% 적중한 것이네요. 전 세계인에게 존경받고 지속 성장 가능한 경쟁력을 갖춘 글로벌 종합 식품기업이 되는 것이 SPC그룹의 비전이라지요? 여러 가지 일로 소비자들의 시선이 예전 같지 않은데 분위기 쇄신도 할 겸 좋은 일 한 번 하시면 어떨까요? 포켓몬 빵 출시 1주년이 다 되어 가는데 한시적이라도 '뮤'와 '뮤츠' 좀 풀어주시면 안 될까요? 공짜로 달라는 건 아니고요. 일테면 오븐에 구운 도넛 같은 고가 제품에라도, 한정판이라도 좋으니 제발 숙제 좀 마치게 해 주세요! 그러고 나면 SPC를 바라보는 눈빛이 조금은 따뜻해지지 않겠어요?

커튼콜

지난 토요일부터 몇 달 동안 그렇게 애를 먹이던 곰보빵 종류들이 오고 포켓몬 빵도 함께 입고 수량이 급격히 늘어났다. 설비를 늘였다는 소문은 없었으니 명절 밑에 장사가 안되는 것이고 포켓몬 인기도 식었다는 반대 증거이다.

포켓몬 빵은 여전히 필요한 양을 대리점에서 주문하는 게 아니라 본사에서 배분한다.

속을 끓이던 차에 설날 선물 세트 관계로 온 본사 담당 차장에게 물량을 줄여달라고 부탁했다. 오래되지 않은 동안에 몰라보게 변하여 아주 다른 세상이 된 것 같은 느낌, 바로 격세지감이다. 다음 달이면 포켓몬 빵 출시 1주년이 된다. 그동안 숱한 화제를 뿌리며 레드 카펫 길만 걷던 포켓몬 빵도 시간의 변화를 어쩌지 못하고 막이 내려지는 무대에서 작별 인사를 준비하고 있다. 증권사 정보에 의하면 올해 900여 종의 띠부씰을 새롭게 선보인다고 한다. 오! 마이!! 갓!!! 관객들이 원하기나 할까? 나는 커튼콜 없이 조용히 막을 내리면 좋겠다. 잠시 쉬면서 각본을 잘 가다듬은 후에 출연자도 관객도 모두 보람을 느낄 수 있기를 바랄 뿐이다.